人

YTN 김동우의 인문학 산책

사람거울 바라보기

鏡

청어

사람거울 바라보기

김동우 인문학 산책

발 행 처 · 도서출판 청어
발 행 인 · 이영철
영   업 · 이동호
기   획 · 이용희
편   집 · 방세화
디 자 인 · 이해니 | 이수빈
제작부장 · 공병한
인   쇄 · 두리터

등   록 · 1999년 5월 3일
(제321-3210000251001999000063호)

1판 1쇄 인쇄 · 2019년 3월 1일
1판 1쇄 발행 · 2019년 3월 10일

주소 · 서울특별시 서초구 효령로55길 45-8
대표전화 · 02-586-0477
팩시밀리 · 02-586-0478

홈페이지 · www.chungeobook.com
E-mail · ppi20@hanmail.net
ISBN · 979-11-5860-617-6(03190)

이 도서의 국립중앙도서관 출판시도서목록(CIP)은 서지정보유통지원시스템 홈페이지
(http://seoji.nl.go.kr)와 국가자료공동목록시스템(http://www.nl.go.kr/kolisnet)
에서 이용하실 수 있습니다.(CIP제어번호: CIP2019001479)

사람거울 바라보기

▌머리말 ▐

인간은 양식이 필요하다. 생존을 위한 먹거리로 밥 등을 말한다. '곳간 양식이 텅 비어 있다, 당장 저녁 양식을 구해 와야 한다.' 할 때의 양식이다. 입으로 먹고 위에서 소화시켜 영양분을 장에서 흡수한다. 이 영양분은 육체의 신진대사 자양분으로 쓰인다. 육체를 보다 강하게 한다. 인간이 생물 유기체임을 확인시키는 근거다.

다른 양식이 있다. 개인이나 사회 발달 또는 발전에 양분이 되는 요소로 지식, 사상, 문명 등이다. 독서, 자연, 경험 등으로 물질과 비물질 모두를 포함한다. '독서는 마음의 양식이고 자연은 삶을 풍요롭게 하는 양식이다.'의 양식을 말한다. 눈 등 오감으로 느끼고 뇌리에서 소화시켜 인간을 인간답게 만든다. 이 양식을 통해 인간은 남과 사회를 배려하는 행동을 한다. 인간이 사회 유기체임을 확인시키는 근거다.

인간에게 필요한 게 또 있다. 육체의 힘과 정신의 힘이다. 육체 힘은 스스로 몸을 움직이거나 물건을 움직이게 하는 근육 작용이다. '혼신의 힘을 다해 달렸다.'의 힘이다. 이 힘은 동물도 마찬가지다. 정신의 힘은 사물, 이치 따위를 알거나 깨달을 수 있는 능력을 말한다. 이른바 사고력, 상상력 등이다. '지성의 힘을 길러야 하고 사리분별의 힘도 있어야 한다'의 힘이다. 일부 영장류에는 본능적 힘이 있지만 학습되지 않는다. 인간만이 보유한 천혜(天惠)가 아닐 수 없다.

인간만이 정신적 양식과 정신의 힘을 가진다. 인간을 '만물의 영장'이라 한 이유다. 인간은 물질적 양식과 육체의 힘을 바탕으로 정신적 양식과 정신의 힘을 길러 동물적 야만에서 해방되고 진화를 거듭한다. 이른바 지성인이 된다는 얘기다.

양식과 힘을 하나의 단어로 함축하면 무엇일까? '알 지(知)'가 아닐까? '知'는 '화살 시(矢)'와 '입 구(口)'로 이뤄졌다. 화살과 입, 참으로 오묘한 조합이다. 화살과 입이 어찌해서 '알다'라는 글자를 만들었을까? '화살'은 먹거리, 양식을 구하는 도구다. '입'은 그 먹거리를 먹는 신체 일부다. 굳이 '지'를 설명하자면 '화살로 잡아온 먹거리를 입으로 먹고 육체와 정신의 힘을 기른다'는 뜻이다.

인간은 생존을 위해 무엇보다 양식, 먹거리가 중요했다. 정신적 양식은 그다음이었다. 먹거리 수렵을 위해 원시인들은 도구가 필요했다. 돌멩이, 몽둥이 등 말이다. 이 원시적 도구로는 아무래도 수렵에 모자람이 많았다. 먹는 사람이 많아짐에 따라 더 많은 먹거리가 필요했다. 이보다 정교하고 효율적인 도구가 없을까? 화살이 만들어졌다. 삶의 경험에서 보다 진화된 사냥도구를 탄생

시켰다. 그 화살은 돌멩이 등보다 손쉽게 먹거리를 인간에게 제공했다. 주먹 힘보다 머리 힘으로 먹거리를 마련할 수 있게 됐다. 시행착오에서 터득한 앎, '知' 덕분이었다.

'知'와 잘 어울리는 글자는 무엇일까? '知'와 비슷한 의미인 '알식(識)'과 '슬기로울 혜(慧)'다. '식'은 '알다'를 강조하기 위해 붙여놓은 글자라 보면 맞다. 반면 '혜'는 의미가 더 심오하다. '慧'는 '빗자루, 비로 쓸다 혜(彗)'와 '마음 심(心)'으로 구성된 글자다. '彗'는 '빗자루로 잡생각, 그릇된 지식이나 정보 등으로 뒤죽박죽된 정신을 깨끗이 쓸어내는 것'을 의미한다. 뒤죽박죽의 정신은 무지(無知)를 뜻한다. 이런 무지를 없애기 위해선 배움이 필요하다. 배움은 새로운 지혜를 얻는 정신적 행위다. 무수한 지의 편린(片鱗)을 획득해 서로 연관성을 분석하고 유기적으로 조합하는 사고 과정이다. 결국 인간은 사물의 이치를 빨리 깨닫고 선악을 구별할 수 있는 정신적 능력을 갖는다.

지혜로운 자는 '知'를 먹고 '慧'를 낳는다. '慧'는 '知'의 열매다.

밥통만 채우고 육체적 힘만 기르는 사람은 금수에 지나지 않는다. 머리도 채워야 하고 정신적 힘도 길러야 한다. 현생 인류, 호모 사피엔스(Homo Sapiens: 지혜로운 인간)답게 말이다. 머리를 채

우고 정신의 힘을 기르는 아주 좋은 방법이 있다. 독서다. 책 읽는 것 말이다. 만여 원만 투자하면 무수한 지식과 지혜를 얻을 수 있다. 화살로 먹거리를 잡는 것처럼 책으로 지혜를 얻어야 한다.

이 책은 3장으로 되어 있다.

제1장은 '나를 찾아서'다. 과학문명과 더불어 살아가는 우리는 무엇을 잃고 있는가? 왜 인간은 주체가 아닌 객체로 살아가고 있는가? 무한 경쟁에 내몰려 자신을 상실한 채 살아간다. 자기 성찰은 포기한 지 오래다. '사회적 사실과 지금'이라는 굴레에서 헤매고 있다. 이런 안타까운 현실을 적었다.

제2장은 '세상을 찾아서'다. 인간은 서로 부딪기며 살아가는 과정에서 삶을 형성한다. 이런 과정을 들여다보았다. 어떻게 세상이 굴러가는지, 이런 세상에서 우리가 얻어야 할 것은 무엇인지를 찾아보았다.

제3장은 '지식을 찾아서'다. 만물의 영장이라 하면서도 우리는 너무 지식이 부족하다. 아는 척만 할 뿐이지 실속이 없다. 있어도 말초적이고 얕고 일회성 지식이다. 여과되지 않고 질박(質樸)한 정보가 많다. 헛똑똑이다. 왜 그렇고 어떻게 해야만 지성인이 될 수 있는가를 적었다.

이 책을 통해 '나를 찾고, 세상을 찾고, 지식을 찾아' 인문학적 상상력을 얻었으면 한다.

지난 10여 년 동안 충북지역 일간지 중부매일에 게재한 칼럼을 재구성하고 보충했다. 지식의 한계로 출처가 재인용된 부분이 있고 인터넷 자료의 도움을 많이 받았음을 밝힌다.

이영철 대표와 편집자 등 도서출판 청어 관계자, 법무법인 명장 대표변호사 오규섭, 『까칠한 우리글』 저자 안남영, 한국교통대 산학협력단 공공훈련센터장 류치열 친구의 도움에 감사한다.

저자 김동우

▌ 차 례 ▐

제2장 세상을 찾아서

제3장 **지식을 찾아서**

제1장

나를 찾아서

 지금

세상을 사는 데 세 가지 금이 있습니다. 황금과 소금 그리고 지금입니다. 이 가운데 가장 소중한 것은 황금도, 소금도 아닌, right now 바로 지금! 입니다.

어느 회식 자리에서 들었던 건배사다. 꽤 오래 전 일이지만 아직도 그 목소리가 귓전에 남아 가슴 깊은 곳에서 생생하게 메아리치고 있다. 사고 팔 수 없고, 만지거나 볼 수 없는 '지금'이 최고의 교환가치를 가진 황금보다 왜 소중한 것일까? 또 흔하지만 생명에 필수적인 소금보다 지금을 더 중히 여긴다는 것일까? 얼른 이해가 가지 않는다.

황금보다, 소금보다 소중하다면 '지금'의 가치는 과연 얼마나 될까?

'지금'의 중요성을 강조한 사람 가운데 중국 당나라 선승(禪僧)인 임제의현(臨濟義玄)이 단연 으뜸일 것이다.

모든 곳에서 주인이 되어라. 현재 서 있는 그곳이 모두 진실하다. 바로 지금 이 순간을 중시하라. 다시 이 같은 시절은 돌아오

지 않는다[隨處作主 立處皆眞 卽時現今 更無時節]

　그의 어록 『임제록』에 나오는 말이다. 과거는 이미 지나가 한 낱 흔적에 지나지 않으며 미래 역시 아직 오지 않았으니 허무한 것이다. 과거는 흘러간 물과 같고 미래는 다가오지 않는 영원한 앞날이다. 오직 지금만 있을 뿐이다. 늘 '지금 여기'에 깨어 최선을 다 하라는 뜻이다. 과거와 미래에 치중한 나머지 정작 '현재'는 부지불식간 사라져 현재의 가치가 무시된다는 얘기다.

　법정 스님도 '지금'을 강조하는 데 한몫을 했다. 그는 추상명사에 불과한 미래에 집착해 사는 인간을 가리켜, '오지 않을 시간을 가불(假拂)해 쓰는 사람'이라고 비난했다. 미래 시간을 미리 당겨쓰니 '지금'은 어떻게 되겠는가? 늘 뒷전이다. '지금'은 있되 사용하지 않으니 무용지물일 수밖에 없다.

　오늘을 마음껏 살고 있다면 내일의 걱정 근심을 가불해 쓸 이유가 어디 있는가? 과거나 미래 쪽에 한눈을 팔면 현재의 삶이 소멸해 버린다.

　없는 것은 과거와 미래이고, 있는 것은 '지금'이니 있는 것에 충실하자는 뜻이다. 그의 저서 『살아있는 것은 다 행복하라』 역시 '지금 여기'를 중히 여겨야 함을 지적하고 있다. 어제 삶은 죽은 것이고 내일의 삶은 없다. 내일은 오지 않았고, 온다 해도 그 존재를 지금 확인할 수 없기 때문이다. 그래서 '살아있는 것'은 '지금'이다. 행복한 순간 역시 과거도 미래도 아닌 바로 '지금'이다. '지금'이 행복하니 '지금의 삶에 충실하라'는 고승의 일침이다.

'걱정 사서 하기'란 말이 있다. 육체는 '지금'에 있지만 마음은 지금을 떠나 미래로 갔음을 의미한다. 아직 일이 발생하지도 않았지만 마치 일어난 것처럼 생각하고 그 일의 결과를 우려한다. 미리 걱정을 해놓으면 걱정의 강도는 좀 낮아질 것이라 생각해서일까? 미리 걱정을 한다고 해도 걱정을 피할 수는 없다. 그 걱정은 분명 찾아온다. 지금 정신적 부담을 안고 미래 걱정을 사서 해도 그때 가서 걱정을 사 없애는데 돈(심리적 불안)이 들어가지 않는다는 것은 아니다. 걱정을 이중으로 하는 셈이다. 이 속담 역시 미래가 아닌 '지금'에 집착하라는 메시지를 담고 있다.

고대 로마 공화정 말기 으뜸 풍자시인, 호라티우스(Flaccus Quintus Horatius)도 '지금'의 중요성을 강조했다.

지금 이 순간을 즐겨라. 가급적 내일은 최소한만 믿어라[carpe diem, quam minimum credula postero]

라틴어 'carpe diem', 'carpe'는 '즐기다', '붙잡다'를, 'diem'은 '날'을 뜻한다. '오늘을 붙잡고 즐겨라, 눈앞에 기회를 놓치지 마라'는 의미를 담고 있다.

'카르페 디엠'은 '죽은 시인의 사회'라는 영화에 등장하면서 '지금 이 순간을 즐기자'라는 명언이 됐다. 과거와 미래에 집착하니 걱정과 불안, 불행이 우리 곁을 떠나지 않음을 지적하고 있다.

'지금'을 외면하지 말고 '지금'에 충실하자는 얘기다. 당겨 하는 미래 걱정 때문에 '지금'을 즐기지 못하고 허송세월 하는 어리석은 자들에게 주는 경고다.

기원전 유대교 성인들의 교훈을 채록한 『피르케이 아보트(Pirkei Avot)』에는 '지금이 아니라면 언제?(And if not now, when?)'라는 글귀가 실려 있다. 역시 '지금'의 중요성을 강조했다. '지금'에 충실하지 못하면서 무슨 배짱으로 미리 '미래'에 최선을 다 하려 하는가? 당치 않은 소리다. '지금'을 버리고 미래를 맞을 수 없다는 의미다. 미래는 '지금'이 단단하게 다진 주춧돌에 근거하고 있기 때문이다.

영국 경제학자 리처드 레이어드(Richard Layard)는 자신 저서 『행복한 함정』(정은아 역, 북하이브)에서 '지금'을 포기한 삶을 언급하며 '오늘을 즐겨라'고 강조했다. 삶은 공연을 앞두고 실제처럼 하는 연습이 아니라고 보았기 때문이다.

현재보다 미래를 생각하는 데 너무나 많은 시간을 보낸다. 계획이 필수적인 경우도 있으나 지나치게 많은 사람이 주로 내일에만 초점을 맞춰서 살고 있다. 내일이 오면 그들은 또 다음날을 계획하며 살 것이다.

많은 사람들은 툭하면 과거를 회상하며 후회하거나, 미래를 걱정하며 두려움의 대상으로 여긴다. '지금'에 있으면서도 지금에 처해 있다는 사실을 망각하고 살아간다. 물론 '지금'은 지금도 흘러간다. 어느새 과거가 되어 버린다. '지금'은 흐르는 물에 단 한 번만 발을 씻는 순간이다. 최선을 다해 발을 씻으면 된다. 그 순간의 물은 지금 잡을 수 있는 유용지물이다. '지금'은 '지금'으로서 존재 가치가 있다. 헛되이 보낸 '지금'은 다시 불러올 수 없다.

'지금'은 최초이자 최후이다. 미래는 영원히 다가오지 않는다. 잡으려면 잡으려 할수록 점점 멀어지는 무지개와 같다. 그리스의 비극시인 소포클레스(Sophocles)의 말마따나 우리가 헛되이 보낸 오늘은 어제 죽은 이가 그토록 바라던 내일이다. 그러니 순간순간 주어진 지금의 시간을 소중히 여길 수밖에 없지 않은가?

오지 않는 미래를 미리 걱정하지 말자. 만약 온다면 그때 가서 걱정하자. 과거와 미래의 노예가 되지 말고 '지금'의 주인이 되자. '지금'을 허비하지 말자. 지금을 '지금(只今)'이 아닌 '지금(地金)'으로 여겨라. '제품으로 만들거나 세공하지 않는 황금'으로 말이다. 과거와 미래에 밀려 뒤로 처진 '지금'을 삶의 우선 순위로 삼아라. 시불가실(時不可失), 한 번 지난 때는 두 번 다시 오지 않는다.

"오늘(지금)이라는 날(순간)은 두 번 다시 오지 않는다." 단테(Dante)의 말이다.

18

고정관념 깨기

　기원전 5세기 고대 그리스 아폴로니아. '통 속의 거지 철인'이라 불리는 디오게네스(Diogenes)가 개와 함께 살고 있었다. 어느 과객이 그에게 물었다.

　"왜 당신은 개와 함께 사시오?"
　"개는 아무거나 먹고, 아무 데서나 자고, 주어진 상황을 불평하지 않고, 건드리지 않으면 절대 물지 않아서요. 특히 아는 척하며 철학을 하지 않기 때문이오."

　이 대화로 디오게네스는 견유(犬儒) 학파의 대표적 인물이 되었다. 그의 집은 속이 썩어 빈 통나무이었다. 그는 물을 떠 마실 때 쓰는 낡은 표주박을 늘 허리춤에 차고 다녔다. 어느 날, 이 표주박이 보이지 않았다. 어떤 사람이 그에게 어찌된 일인지 물었다.

　"애지중지 옆에 차고 다니던 표주박은 어찌했소?"
　"개가 물웅덩이에서 입으로 물을 마셔 나도 그렇게 해봤더니 개처럼 물을 마실 수 있어 표주박을 버렸소."

어느 날, 알렉산드로스 대왕이 그를 찾아왔다.

"디오게네스, 뭐 필요한 게 없느냐?"

대왕은 내심 한두 가지 요청을 들어줄 요량으로 물었던 것이다. 하지만 명색이 세계를 지배한 대왕의 물음에 참으로 생뚱맞은 대답이 곧바로 이어졌다.

"대왕님께서 해를 가리고 있으니 좀 비켜 주십시오. 아직 더 따스한 햇볕이 필요하거든요. 그리고 필요한 게 없는데요."

대왕의 특별은전을 무시해도 유만부동이었다.
알렉산드로스 대왕은 어이가 없다는 듯 목청을 높였다.
"아니, 내가 세계를 지배한 알렉산드로스 대왕이라니까. 바로 알렉산드로스 대왕 말이야."

하지만 이내 소리를 죽여 대왕은 의미심장한 말을 중얼거렸다.

"내가 알렉산드로스 대왕이 아니었더라면 나도 디오게네스가 되기를 바랐을 것인데……."

디오게네스는 밤낮으로 등불을 들고 다녔다. 밤 등불은 길을 밝힐 수 있으니까 그래도 괜찮았다. 대낮에도 등불을 들고 다니는 것이 문제였다. 보다 못한 어떤 사람이 그 이유를 물었다.

"어찌해서 벌건 대낮에도 등불을 들고 다니시오? 통 속에 살
더니 대낮도 통 속처럼 어두운줄 아시오?"
"나는 사람을 찾고 있소. 아주 정직한 사람 말이오."

디오게네스와 대화를 나눈 사람은 고개를 갸우뚱거리며 그냥
가던 길을 갔다. 아니, 대낮에 등불을 들고 다녔다고? 아무리
거지 철인이라도 대낮에는 등불이 필요 없음을 알 터인데 말이
다. 여하튼 그가 등불을 밝혀 찾는 '아주 정직한 사람'은 그리스
와 그리스인을 올바른 길로 이끌 수 있는 지식인 또는 지혜로운
자였다. 그는 불행히도 그런 사람을 찾지 못했다.
어느 날, 디오게네스는 갑부로부터 초청장을 받았다. 표주박을
내버려 보다 홀가분해진 그는 고민 끝에 개와 함께 등불을 밝히
고 갑부 집을 방문했다. 물론 디오게네스는 그의 초청이 자신에게
후한 대접이 아니라 갑부임을 자랑하기 위함이었음을 미리 알았
다. 갑부 집은 예상대로 무척이나 호화롭게 꾸며져 있었다. 그 갑
부는 자신의 집을 자랑하기에 여념이 없었다. 십여 분이 지났을
까? 디오게네스는 돌연 그 갑부 얼굴에 가래침을 힘차게 뱉었다.
그리고 자신의 턱에 묻은 침을 손등으로 닦으며 태연하기만 했다.
순식간에 당한 갑부는 깜짝 놀랄 수밖에 없었다.

"감히 여기가 어딘데, 그것도 내 얼굴에 가래침을 뱉어?"

디오게네스 대답이 걸작이었다.

"집이 너무나 아름답고 훌륭하군요. 가래침을 뱉어야 하는데 뱉을 곳이라곤 아무리 찾아봐도 없네요. 부정하고 더러운 당신 얼굴밖에 없군요. 그래서 뱉었어요. 뭐 문제가 있나요?"

가래침의 습격과 함께 충격적인 말을 들은 갑부는 어떤 표정을 지었을까? 자못 궁금하다. 인간들의 허세와 교만을 개똥만큼이나 더럽게 여겼던 디오게네스가 갑부에게 날린 통쾌한 증오의 한방이었다.

디오게네스는 권력이나 세속적인 일에 속박되지 않는 자유를 원했다. 무엇보다 당연하다고 여기는 사회 습관이나 사회구조를 탈피하고 싶었다. 이른바 기존의 사회적 사실을 멸시했고 도마에 세상을 올려놓고 생선을 요리하듯 난도질하고 싶었다. 당시 누구도 디오게네스의 상식 밖 행동을 이해하지 못했다. 당시 사람들은 고정관념, 관습, 관행 등이 가장 바람직하다고 여겨 그 틀을 벗어날 수 없었기 때문이다. 그들은 현실이 최선이며 최고인 줄로 맹신하며 살았던 것이다. 디오게네스는 평생을 '늘 그러한 것', 기존의 틀을 해체하며 살았다.

영국 철학자 베이컨(Francis Bacon)은 디오게네스 사후 2000여 년 뒤 태어났다. 베이컨은 '현재의 학설, 권위, 전통, 관습 등에 의존해 생각하고 판단할 때 편견을 범한다'고 했다. 이른바 '극장의 우상(The idols of the theater)'이다. 극장에서 본 영화가 영원히 현실이라고 스스로 사유하고 착각할 때 생기는 사고의 오류다. 이 사고의 오류의 기저(基底)에는 '현실이 곧 진실'이라는 믿음이 깔려 있다. 그러나 비판의 여지가 없다. 그냥 받아들일 수밖에 없다. 오류임을 절대 인식할 수도 없으며 알려고도 노력하지 않는다. 오류가 굳어지고 축적되어 진실이 된다는 착각의 우를 범하고 있다.

도약(跳躍)하면 개구리가 무엇보다 먼저 생각난다. 그런데 왜 우물 안에 갇혀 우물 둘레만큼의 하늘만 보고 그 하늘이 전부라고 살아가는가? 도약하지 않는, 아니 못하는 이유가 뭘까? 우물이 깊어서일까? 아니면 저 너머 세계를 보지 못해 이쪽 세계가 전부라고 생각해서일까? 후자다. 우리도 어쩌면 개구리와 마찬가지다. 인간 대부분 그저 그렇게 뭣 하나 해내지 못하면서 살아간다. 마치 내게 주어진 사회적 여건이 최선이고 최고 인양 착각하면서 말이다. 사무실 너머, 사회구조 너머, 관습 너머, 친구 너머에는 분명 무엇이 있다. 굴레를 넘어가 보자. 시도조차 하지 않은 채 두려워하지 마라.

 사람거울

　거울[경: 鏡]은 빛의 반사를 이용해 물체를 비추어 보는 물건
이다. 물에 비친 모습을 발견하면서 거울이 발명되었을 것이라
추측된다. 사람들은 하루에 몇 번 거울을 볼까? 세수나 샤워를
할 때, 머리를 빗을 때, 옷을 입을 때, 사람을 만나러 갈 때 등등
하루에도 수없이 거울을 본다. 그냥 보는 것이 아니다. 보기 싫
은 부분은 고치고 부족한 부분은 채운다. 화장을 하던, 옷을 바
꿔 입던, 머리 모양을 바꾸던 등등 여러 가지 방법으로 말이다.
어찌 보면 위장이다. 실속과 관계없이 외모를 잘 포장한다는 얘
기다. 모두 상대방에게 잘 보이기 위함이니 그리 나쁠 건 없다.
　미국 사회학자 찰스 호튼 쿨리(Charlse Horton Cooley)는 '동경
자아(銅鏡自我: The looking glass of self)'란 사회적 개념을 만들
었다. 이론은 이렇다. '거울 속에 비친 자신 모습이 다른 사람들
에게 어떻게 보여 질까를 주관적으로 상상한다. 그리고 자신이
상상한 다른 사람들의 시각에 맞게 거울에 비친 실제 자신의 모
습을 수정한다.' 마치 다른 사람들의 취향에 맞게 자신의 본모
습을 고친다는 얘기다.
　그렇다면 거울에 비친 모습을 수정해 상대방에게 보여준다면
과연 그것이 참모습이라 할 수 있을까? 분명 아니다. 이처럼 사

람의 내면이나 물체의 속성을 비출 수 없다는 것이 거울의 단점이다. 그렇다면 상대방을 속이는 무기가 아니겠는가? 더 큰 문제는 변경된 모습이 진실로 둔갑한다는 것이다.

거울에 지나치게 집착해 사는 인간들에게 경종을 울린 이야기가 있다. 중국 전국시대 연(燕)나라 유세객 채택(蔡澤)과 진나라 재상 범저(范雎)의 이야기다. 오줌 세례의 치욕까지 참아가며 권력을 잡은 범저는 왕의 그림자가 되었다. 그 기세가 하늘 높은 줄 몰랐다. 보다 못한 채택은 범저에게 일침을 놓았다.

"제가 듣건대 물을 거울로 삼는 자는 자기 얼굴을 볼 수 있고, 사람을 거울로 삼는 자는 자기의 길흉을 알 수 있소이다. 지금 진나라는 바라던 일이 이뤄지고 당신의 공로는 절정에 이르렀소. 이제 진나라는 조금씩 공을 나눌 때요." 『사기: 범저채택열전』

공명심을 앞세워 물불을 가리지 않는 행동을 엄중하게 경고한 것이다. 타인의 지적을 성찰의 기회로 삼으라는 채택의 쓴소리다. 범저는 채택의 고언을 즉시 받아들여 벼슬을 내려놓았다.

"군자는 물을 거울로 삼지 않고 사람을 거울로 삼는다.[君子不鏡於水 而鏡於人] 물을 거울로 삼으면 자신의 얼굴을 볼 뿐이다. 사람을 거울로 삼으면 자신의 길흉을 안다.[鏡於水 見面之容 鏡於人 則知吉與凶]" 사람거울의 중요성을 강조한 전국시대 묵자(墨子)의 말이다.

중국 육조시대 양(梁)나라 문학평론가 유협도 "물을 거울로 삼지 마라.[無鑑於水]"고 했다.

　"구리로 거울을 만들면[以銅爲鏡] 의관을 바로 할 수 있다. 역사를 거울로 삼으면[以史爲鏡] 천하의 흥망성쇠와 왕조 교체의 원인을 알 수 있다. 사람을 거울로 삼으면[以人爲鏡] 자신의 잘잘못을 밝힐 수 있다. 짐은 일찍이 이 세 가지 거울을 구비한 덕분에 허물을 범하는 것을 막을 수 있었다. 지금 위징(魏徵)이 세상을 떠나 마침내 거울 하나를 잃고 말았도다!"

　중국 당나라 사관 오긍(吳兢)이 지은 『정관정요(貞觀政要)』에 나오는 글귀다. 당태종, 이세민이 당대 최고 간관(諫官)이던 위징이 죽자 친히 지어 하사한 비문(碑文)이다. 위징은 구리[거울]와 옛일[역사]과 사람[충신]을 골고루 거울삼아 정치를 올바르게 이끌었다. 특히 위징은 '사람거울'을 가장 중히 여겼다. 당태종은 이런 위징을 거울로 삼았다. 원래 '경(鏡)'은 '거울, 물체를 거울에 비추다, 성찰하다'란 뜻인 '감(鑑)'과 같은 의미다. 그래서 삼경지계(三鏡之戒)을 동(銅)감, 사(史)감, 인(人)감의 '삼감지계(三鑑之戒)'라 부르기도 했다.

　당태종은 형(이원익)과 아우(이원길)를 죽이고 제2대 황제로 등극한 사람이다. 위징은 이세민이 황제가 되기 전 이원익의 편에 있으면서 동생 이세민을 죽여야 한다고 이원익에게 직언했던 사람이다. 그러나 당태종은 등극한 뒤 위징을 과감하게 받아들였다. 바른말을 서슴지 않는 그의 강직함 때문이었다. 한때 당태종은 위징이 하도 자신에게 쓴소리하자 화가 치밀어 죽이려 했다. 하지만 "죽음을 불사하고 저렇게 쓴소리 하는 신하를 둔 것을 보면 분명 성군입니다."라는 황후의 말에 칼을 거두었다. 『정관정요』는 측천무후(則天武后)가 동경(銅鏡)만을 거울삼아 폭정을 일삼자 이를 경계하기 위해 당태종 사후 지어졌다.

사람거울, 인감은 구체적으로 무엇일까? 지적(指摘)이다. 타인의 잘못과 허물을 드러내어 폭로하는 행위다. 자신 허물이 다른 사람에 의해 공공연하게 폭로되는 것을 반가워할 자 아무도 없다. 지적은 쓴소리, 직언이다. 좋은 말로 하자면 충고, 조언, 훈계다. 지적을 받은 사람은 자신을 무시하거나 비난하는 것처럼 여겨 자존심이 크게 상할 수 있다. 지적에 아랑곳하지 않음은 물론 심하면 폭언, 폭행으로 이어지기 일쑤다. 직접 대꾸는 하지 못하면서 가슴만 후벼 파는 정신적 통증을 느끼기도 한다. 특히 옛날 군주제에서는 함부로 상소(上疏)하거나 직언을 고하기가 어려웠다. 곧바로 목이 날아가는 일이 허다했기 때문이다. 목숨을 내놓고 임금에게 고하는 상소도 있긴 있었다. "받아들이지 않으시려거든 목을 쳐 주십시오."라는 지부상소(持斧上疏)다. 고려, 조선시대에 대신(大臣: 훌륭한 신하는 도로써 군주를 모시다가 받아들여지지 않은 즉시 물러난다: 大臣者 以道事君 不可則止)들이 결행했던 극단적 상소였다.

조선 11대 중종은 사람을 거울로 삼는 데 주저하지 않았다. 신하들을 모아 놓고 먹 20정과 붓 40자루를 주며 "이 먹과 붓이 마모될 때까지 쓴소리를 아끼지 마시오."라고 했다.

잘못과 허물을 지적 한번 할라치면 자칫 친구 잃기 쉽고, 윗사람으로부터 오히려 싫은 소리를 듣거나, 미움을 받거나, 심지어 자리에서 쫓겨나기 십상이다. 지적은 사실 상대방 무시나 비난의 목적이 아니다. 스스로 모르는 잘못이나 허물을 알려 개선시키는 데 그 목적이 있다.

유리나 구리를 거울로 삼은 사람은 독단이 심하다. 남의 말을 귀담아듣지 않는다. 오히려 자기주장을 내세우며 강요한다. 특히 자신의 잘못이나 허물을 드러내는 말은 더욱 그렇다. 대신 자신을 칭찬하거나 장점만 말하는, 아첨하는 사람을 좋아한다. 이런 사람을 유신(諛臣) 또는 유친(諛親)이라 했다. 위계서열상 윗자리를 차지한 사람들이 이런 경우가 많다. 끗발, 이른바 권력과 권위가 작용하기 때문이다. 자신의 잘못을 개선할 여지가 전혀 없다.

개선(改善)은 '좋게 고침'이란 뜻이다. '개(改)'는 '몸 기(己)'와 '채찍질할 복(攴)'이 합쳐진 글자다. 글자대로 보면 '몸을 채찍질하다'는 뜻이다. 자학이 아니다. '잘못을 고쳐 올바르게 한다'는 의미다. '몸'은 '나'고 '채찍'은 '남'이다. 이 채찍이 바로 지적, 쓴소리이자 '사람거울'이다. 개선의 여지가 많은 사람들이 지성인이다.

사람들은 자신에 대한 판단기준을 구리, 유리 거울 속 피사체로 제한하기를 즐겨한다. 이 피사체는 생명력이 없어 의미를 부여하기에 부족하다. 피사체는 순수가 가려지고 가식과 인위가 드러날 수 있다. 그 피사체를 판단할 때 잘못되기 일쑤다. 자신의 잘못과 허물을 끄집어내 주는 지적을 자신 성찰의 회초리로

삼아야 한다. 거울만 보지 마라. 물에 비친 자신의 모습에 현혹
돼 물에 빠져 죽어 수선화가 된 나르키소스(Narcissus)의 우를
범하지 마라. 사람들에게 자신을 비춰라. 그리고 행동하라.

'좋은 약은 입에 쓰나 병을 낫게 하고, 충고는 귀에 거슬리나 행
동에 유익하다[良藥苦於口而利於病, 忠言逆於耳而利於行]'『명심
보감』에 나오는 말이다. 사람거울을 비유한 아주 좋은 잠언이다.

# 마음 비우기

욕심(慾心). 물질적인 욕망을 채움으로써 얻어지는 쾌락을 바라는 마음이다. 한글을 전혀 모르는 사람에게 '욕심'을 말하게 한 뒤 뜻이 긍정적인지 부정적인지 선택하라면 그들 대부분이 부정적이라 택할 것이다. 혓바닥에 힘을 주어 말해야 하고 소리도 상쾌하지 않다. 듣기만 해도 거북하다. '慾'은 '골짜기 곡(谷)'과 '하품 흠(欠)' 그리고 '마음 심(心)'이 합해진 글자다. 골짜기는 늘 비어 있다. 많은 양의 공기를 빨아들일 준비가 되어있다. 하품을 할 때 입이 크게 벌어지면서 폭풍 못지않은 속도로 엄청난 양의 공기가 빨려 들어간다. 공기 질의 좋고 나쁨을 따질 것 없이 싹쓸이다. 이런 마음의 상태가 바로 욕심이다.

욕심을 부리다 몰매를 맞아 죽은 사람이 있다. 조선시대 광흥창(廣興倉: 고려 말부터 조선에 걸쳐 백관의 녹봉을 관장하기 위해 설치되었던 곡식 창고) 옆에 사는 어떤 사람이 있었다. 그는 농사를 짓지 않았지만 늘 저녁이면 쌀자루를 들고 왔다. 단 하루에 가져오는 쌀이 어김없이 다섯 되였다. 어디서 난 것이냐는 가족들 질문에는 늘 묵묵부답이었다. 일급비밀은 먼 데 있지 않았다. 광흥창 기둥에 뚫린 손가락 굵기 만한 구멍이었다. 이 구멍이 바로 화수분인 셈이었다. 쌀 다섯 되로 평생 가족을 잘 건사하고 살다가 세상을 떠나는 날 아들에게 말했다.

"우리 가족이 쌀 걱정 없이 산 것은 광흥창에 비밀이 있다. 광흥창에 가보면 구멍이 손가락 크기만 하게 뚫려 있는 곳이 있다. 너는 손가락 굵기 만한 나무 막대로 그 구멍을 후벼 하루에 쌀 다섯 되만 훔쳐라. 그 이상은 절대 안 된다. 명심해라! 내가 가져오는 만큼."

그 아들은 몇 달 동안 아버지 말대로 쌀 다섯 되만 훔쳐 가족들이 별 탈 없이 살았다. 어느 날, 꾀가 났다. 구멍을 더 크게 만들어 하루에 몇 말씩 훔쳤다. 이것도 모자라 구멍을 더 넓혔다. 더 많이 쌀을 훔쳤다. 하지만 오래가지 못했다. 긴 꼬리가 잡혔던 것이다. 관리가 쌀을 도둑맞는 것을 알고 보초를 서다 아들을 잡아 패 죽였다.

아들은 아버지가 왜 하루에 다섯 되만 훔치라고 유언했는가를 전혀 이해하지 못했다. 조선 중기 시인 권필이 지은 『석주집』에 나오는 이야기다.

이와 비슷한 일화가 이덕무의 『이목구심서』에도 실려 있다. 어느 장사꾼이 임종이 다가오자 자식을 불러놓고 유언을 했다.

"내가 재물을 모을 수 있었던 것은 납덩이가 든 저울대를 잘 조절했기 때문이다. 그러나 지나치게 이득을 취한 적은 없다. 적당히 알맞게 해서 부당한 이득을 취한 것이 들통 나지 않았다.

아들아. 내 방법을 취하되 신중하게 해야 망하지 않는다."

아들은 장사를 이어받은 뒤 아버지 유언대로 저울대를 적당히 조절해 재물을 조금 모았다. 날이 갈수록 견물생심이 발동했다. 이에 성이 차지 않은 그는 저울대를 멋대로 조절해 물건을 팔았다. 많은 이득을 챙겼지만 얼마 가지 않아 들통 났다. 상인들에게 맞아서 죽었다.

계란을 보고 새벽 알리기를 바라고[見卵而求時夜]
탄환을 보고 곧 새 구이를 찾는 것과 같다[見彈而求鴞炙]
-『장자: 제물론』

장자가 한 말이다. 욕심에는 갖은 잔꾀가 자란다. 욕심은 사사로운 이익이나 쾌락추구를 불러일으킨다. '욕'과 아주 잘 어울리는 글자는 '탐낼 탐(貪)'이다. '貪'은 '조개 패(貝: 돈, 재물)'와 '나눌 분(分)'으로 이루어진 형성 문자다. '재물이 분산되고 모자라다'의 뜻이다. 탐욕은 물불을 가리지 않고 마구 채워 넣는 정말로 사악한 마음 상태다. 불가에선 탐욕은 중생을 해롭게 하는 세가지 독약[三毒] 중에 하나다.

욕심과 가장 어울리지 않는 글자는 무엇일까. 허심(虛心). 마음에 거리낌이 없거나 남의 말을 잘 받아들인다는 뜻이다. 자신을 속이거나 남에게 피해를 주는 사리사욕이 없고 마음이 비어 있는 상태다. 말만 들어도 신선한 느낌이다. '虛'의 자형적 의미는

'큰 언덕은 넓고 넓어 아무것도 없이 텅 비다'이다. 중국 한나라 유학자 가의(賈誼)는 거울과 저울의 비유로 '허(虛)'를 설명했다.

거울은 아름다움과 추함을 그대로 비추고
저울은 가벼움과 무거움의 제 값을 달아 준다.

허심은 어떤 생각도 없는 백지 상태가 아니다. 거울이 사물을 비추듯이, 저울이 무게를 달듯이 사사로운 감정과 편견 없이 세상을 그대로 받아들이고 세상에 적응하는 것이다.

뱁새가 둥지를 짓는 데는 몇 개 나뭇가지이면 족하고 두더지가 강물을 마신다고 한들 그 작은 배를 채우는 데 불과하다.

장자가 『장자: 소요유』에서 이야기한 허심이다. 뱁새나 두더지는 대단한 동물이 아니다. 그저 미물에 불과하다. 이들 동물에게 필요 이상은 불필요하다. 오히려 장애물이다. 절대 숲 나뭇가지 모두를, 강물 전부를 가지려 하지 않는다. 욕심이 없다.

해오라기는 먹이를 쫓지 않고 제 앞에 지나가는 물고기만 잡아먹는다. 호수의 물고기 모두를 잡으려하지 않는다. 해오라기를 신천옹(信天翁)이라 하는 이유다.

허심은 채워야 할 공간이 비어있는 정신상태다. 자기를 스스로 떠나 있으므로 아무것도 기를 쓰고 스스로 채울 필요가 없다. 속[마음]을 비워 사군자의 하나로 칭송받고 동양화의 단골 소재가 된 나무가 있다. 대나무. 대나무는 속이 비어 있다. 하지만 채우려 하지 않고 자라면 자랄수록 속을 비워놓는다. 이런 대나무가 속을 비워 돌을 친구로 만들었다. 바로 허심우석(虛心友石)이다. 허심을 비유한 말 가운데 단연 으뜸이다. 마음을 비우면 무생물 돌도 친구로 만들 수 있는데 다른 것이야 말해 무엇 하겠는가? 타인의 스승이 되기 쉽지 않다. 대나무가 속을 비웠더니 스승이 되었다. 심허사죽(心虛師竹)이다.

욕심은 덜 차고 허심은 빈 상태다. 욕심은 무언가 그칠 줄 모르고 채우려고 하는 불안정한 심리상태다. 허심은 마음에 거리낌이 없는 안정된 상태다. 욕심은 무엇을 추구할 때 충동적이고 전투적이다. 허심은 인위적으로 무언가를 추구하지 않는다. 그저 텅 비었을 뿐, 머리와 마음에 담고 있는 쓰레기를 빗자루로 쓸어버린 상태다.

'평기허심(平氣虛心), 마음이 평온하고 걸리는 일이 없다.' 장자의 말이다.

계영배(戒盈杯)

덜다. '일정한 수량이나 정도에서 얼마를 떼어 줄이거나 적게 하다.'는 뜻이다. 한자어로는 손(損)이다. '손 수(扌)', '입 구(口)', '조개 패(貝)'로 이뤄진 형성 문자다. '생계[口]를 위해 돈[貝]을 받고 일하는 사람을 손[扌]으로 끄집어낸다'는 뜻을 함축한다. 생계를 위해 돈을 받고 일하는 데는 사리사욕이 없을 수 없다. 거저 돈을 주는 사람이 없을 뿐만 아니라 돈을 받게 되면 더 많이 받으려는 과욕이 생기기 마련이다. 여기서 '손 수(扌)'가 큰 역할을 한다. 이런 욕심을 손으로 덜어 내버리거나 남에게 내어 주기 때문이다.

이처럼 덜어지는 객체는 마음 속에 담긴 사리사욕 등 추상적 관념이다. 사람들은 구체적 물건에 대해서는 비교적 쉽게 덜어낸다. 그러나 관념을 덜어낸다는 것은 그리 쉽지 않다. 관념은 계량화가 불가능한 데다 볼 수도 만질 수도 없어 덜었는지, 채웠는지 제대로 확인할 수 없기 때문이다. 이 같은 관념의 덜어냄을 설파한 성인이 있다. 도가의 창시자 노자다. 그는 자연의 법칙에 따라 행위하고 인위적인 작위(作爲)를 하지 않기 위해서는 즉, 무위(無爲: 도가가 제창한 인간의 이상적인 행위)의 경지에 이르기 위해서는 도(道)와 덕(德)을 통해 욕심을 덜어내야 한다고 주장했다.

 학문을 하면 날마다 지식이 늘어가고 도를 닦으면 날마다 욕심
이 줄어든다[爲學日益 爲道日損]
 까치발을 뜨면 오래 서있지 못하고, 가랑이를 벌리고 성큼성큼
가면 오래 가지 못한다[企者不立 誇者不行]

 욕심을 경계하면서 덜어냄에 대해 노자는 공자를 만나 확실
한 입장을 밝혔다. 공자가 예(禮)를 배우겠다며 노자를 찾았다.
노자는 이것저것 가르친 뒤 마지막으로 한마디 했다.

 그대는 교만과 욕심 그리고 가식적인 행동과 야망을 버리도록 하
시오. 그것들은 그대에게 이로울 데가 전혀 없소. 내가 해 줄 말은
이뿐이오. -『사기: 노자 한비자열전』

 노자가 공자에게 버리라고 주문한 욕심과 야망 등은 공자가
강조한 인의예지(仁義禮智)의 실행 욕구다. 인간이 만든 인의예지
는 진실이 아니다. 인의예지가 인간을 지배한다는 것은 자연에
위배된다. 고로 이런 지배 의욕을 버리고 무위자연(無爲自然), 무
위무욕(無爲無慾)이어야 한다는 것이 노자의 비움 사상이다.
 가득 차 넘침[과욕]을 스스로 덜어내는 그릇을 아는가? 계영
배(戒盈杯)다. '넘침을 경계하는 술잔'으로 과음을 스스로 단속하
기 위해 만든 절주배(節酒杯)다. 겉모습은 여느 잔과 비슷하지만

바닥에 구멍이 나 있고 잔 가운데 기둥이 있다. 기둥 밑에 구멍이 하나 뚫려 있다. 이 기둥과 구멍에 이 잔의 비밀이 숨어있다. 잔에 70% 이상 술이 차면 그 이상의 술이 기둥 구멍을 통해 밑으로 흘러내린다. 어떠한 방법으로도 그 잔을 술로 가득 채울 수 없다. 누가 이 잔을 만들었고 왜 만들었는가?

먼 옛날 강원도 산골에 우삼돌이란 도공이 살고 있었다. 그는 스승의 뜻을 받들어 도자기 굽는 일에 매진해 유명한 도공이 되었다. 정성껏 빚은 도자기를 임금께 진상하자 임금은 대가로 새로운 이름을 지어주었다. '명옥'이다. 그는 자신이 빚은 도자기, 설백자기(雪白磁器)로 최고 명성을 얻었다. 당연히 돈을 많이 벌었다. 그러나 부와 명예도 잠시였다. 재물은 방탕으로 이어졌다. 빈털터리가 된 우명옥은 자신의 어리석음을 후회하며 새롭고 특이하고 유일한 도자기를 만들었다. 바로 계영배였다. 그는 이 계영배를 늘 곁에 두고 방탕한 생활의 전철을 다시 밟지 말자는 각오를 다질 수 있었다.

계영배는 인간의 끝없는 욕심과 지나침을 경계하는 상징적 물건이다. 조선 후기 무역상인 임상옥(林尙沃)은 이 계영배를 늘 옆에 두고 과욕을 덜어낸 덕분에 큰 재산을 모았다. 그는 이 많은 재산을 굶주리는 사람들과 수재민을 구제하는 데 사용했다고 한다.

이 계영배는 고대 중국에서 과욕을 경계하기 위해 하늘에 정성을 들이며 비밀리 만들었던 '기기(攲器)'에서 유래했다고 한다. 노(魯)나라 환공이 곁에 두고 과욕을 덜어내는 데 사용했고 그

후손들이 과욕을 경계하는 삶의 지표가 되도록 사당에 보관했던 기기, 유좌지기(宥坐之器)다.

어느 날, 공자가 환공의 사당을 들러 이 특이한 그릇을 보고 사당지기에게 물었다.

"이 그릇은 무엇에 쓰는 것인고?"

"속이 비면 기울어지고, 알맞게 차면 바르게 되며, 가득 채우면 엎질러집니다[虛則欹 中則正 滿則覆] 환공께서 항상 곁에 두고 보았던 그릇입니다."

사당지기의 대답 가운데 '항상 곁에 두고 보는 그릇'이 바로 '유좌지기'다. 양쪽에 세운 기둥과 그릇 양쪽의 고리를 줄로 연결해 그릇이 그네처럼 기둥 사이에 매달려 있도록 설치돼 있다. 그릇이 비면 기울어지고 가득 차면 물이 쏟아진다. 7부 정도 차면 똑바로 선다. '유(宥)'는 오른쪽이란 뜻이다. '유좌지기'는 오른쪽에 놓아둔 그릇이다. 욕심을 비워 지나치지 않거나 부족하지 않은 평상심을 뜻한다. 공자도 환공의 사당을 찾은 후 '유좌지기'를 항상 생각하며 과욕과 지나침을 경계했다고 한다.

'계영배'나 '유좌지기'나 모두 7부 이상 차면 흘러 넘쳤다. 10개의 숫자 가운데 서양인들은 '7'을 행운의 숫자라 한다. '8, 9, 10'이 더 큰 숫자인데도 '7'을 행운의 숫자로 한 것은 동양의 욕심 한계치와 상통하기 때문이 아닐까?

'지나침은 미치지 못함과 같다[過猶不及]'고 했다. 정도를 지나치거나 그렇지 않거나 모두 바람직하지 않다는 말이다. 마음을 채우려는 욕심은 밑 빠진 독을 물로 채우려는 것과 같다. 욕심은 아무리 채워도 채워지지 않는다.

'그릇은 가득 차면 넘치고, 사람은 가득 차면 잃는다[器滿則溢 人滿則喪]'『명심보감』에 나오는 말이다. 사람들은 안다거나 있다거나 높은 지위를 차지하면 교만, 오만해진다. 더이상 채울 것이 없다는 자만으로 뭉친 사람은 타인들로부터 비난받아 결국 재앙을 입게 된다. 겸손해야 한다는 잠언이다.

어느 날, 개가 생선을 물고 다리 위를 지나가다 물에 비친 자신을 보았다. 입에 물고 있는 생선이 보였다. 너무 먹음직스러웠다. 탐이 나서 빼앗으려고 멍멍 짖었다. 아뿔싸, 물고 있던 생선마저 물에 빠뜨리고 말았다. 이솝우화에 나오는 '욕심 많은 개' 이야기다.

욕심에 관한 한 개와 인간이 무엇이 다르겠는가?

욕심으로 마음이 꽉 차 있으면 어떤 것도 더 채울 수 없다. 비워야 채우는 법이다. 물론 덜어내라고 해서 몽땅 덜어내라는 말은 아니다. 과도한 욕심, 특히 타인이나 사회에 피해를 주는 욕심을 없애라는 얘기다.

법륜 스님은 "욕심을 버리기 어려우면 움켜쥐고 괴로워하라. 괴로움이 심하면 내려놓게 된다."라 했다.

나를 찾아서

인간이 살아가면서 과연 하고 싶은 말과 행동을 자유로이 할 때가 얼마나 될까? 친구, 부부, 부모 자식, 형제, 연인, 직장 상하 등의 사회구조에서 행동거지를 조건이나 상황에 구애 없이 할 수 있느냐 말이다. "그렇다."고 답하는 사람이 많지 않다. 특히 갑을관계에서 '을'에 위치한 사람은 더욱 그러하다. 이런 삶이 '참되다'고 할 수 있을까? 분명 아닌데도 왜 그렇게 살아왔고, 살고, 살아야만 하는가? 인간을 만물의 영장이라 하는데, 이에 너무 이율배반이지 않은가?

우리는 사람과 사람, 사람과 사회 사이에 짜인 그물 속에 살고 있다. 마치 가두리에 살고 있는 물고기와 다르지 않다. 마냥 넓은 바다인 줄 알고 자유롭게 사는듯하지만 쉽게 느낄 수 없는 거대한 그물이 자신을 늘 통제하고 있다. 그물이 바로 사회적 사실(social fact)이다. 개인행동이나 사고방식 등을 규정하는, 외부로부터 가해지는 구속이나 압력이다. 사회적 사실의 지배에서는 내 마음대로 할 수 있는 삶의 부분이 절대적으로 부족하다. 가두리 양식장 물고기 서식의 반경이 가두리 그물의 범위가 전부인 것처럼 말이다.

의식주에서부터 생각과 행동에 이르기까지 대부분 삶이 '나

밖의 것'의 시선 안에 머물러 있다. '나 밖의 시선'은 삶에 대한 조정이자 통제다. 내 행동의 동인(動因)은 당연히 '나'가 아닌 '타자(他者)'다. '타자'는 개별적 사람이든, 집합적 우리 또는 너희들이든, 사회 상황이든, 사회 구조이든 각종 사회 변수다. 나를 지배하는 것은 사회 변수의 '시선과 이목(耳目)'이다. 나는 종속변수이고 타자는 독립변수다. 어찌 보면 삶의 기준이 '나'가 아닌 '타자'라는 점이다. '나'를 버리고 '타자'를 우선 고려해야 한다. 본성은 사라지고 허식이 판칠 여지가 많다. 행동 곳곳에서 보이지 않는 타자의 압력이 크게 작용하고 있음을 무시할 수 없다. 만사가 그렇다. 타자의 눈치를 봐야 하고 사회구조에 정신과 육체를 맡겨야 한다.

인간은 불행히도 태어나면서부터 자신의 '시선과 이목'의 권리와 의무를 '타자'에게 이양해야만 했다. 인간은 다른 동물과 달리 미숙한 상태로 태어나 타자, 어미에게 의지할 수밖에 없었기 때문이다. 홀로서기가 가능해지고 성숙해 가면서도 '어울려 살아야 한다'는 정언명령 역시 시선과 이목을 타자에게 이양하도록 했다. 아니 나의 시선과 이목을 빼앗아 갔는지도 모른다.

이는 인간의 소외(疏外)를 불러왔다. 자신으로부터 자신이 왕따가 된다. '나는 누구인가? 왜 사는가?' 하며 자신의 진정성을 의심하지만 의심의 실마리를 풀지 못하고 있다. 이것이 바로 태생적으로 인간에게 씌워진 멍에다. '나'가 '타자'의 시선과 사회의 이목에 억압되어 활력을 잃었다. 피로에 너무 지쳐있다. 현대인은 어깨를 누르고 있는 무게를 지탱하기 어렵다. 지켜야 할 규정이 너무 많고 관계해야 할 상황과 인간들도 무척이나 다양하기 때문이다. 나를 버리고 남만을 의식해야만 살아갈 정도다. 억압이 몸에 배다 보니 그 억압을 느끼지 못한다는 점도 '타자의 굴레'를 벗어나지 못하게 하는 요인이다. 습관이 무서운 이유가 여기에 있다. 현대인은 축 늘어진 닭 벼슬(crestfallen)과 같다.

분명 육체와 정신의 주체는 '나'다. 나와 관계된 객체는 모두 '손님'이다. 주체인 '나'가 주인 역할을 하지 못해 어느 사이 손님이 됐다. 주객전도(主客顚倒)다. 사회는 갈수록 복잡다단해지고 있다. 그물 역시 더욱 촘촘해지고 강해지고 있다. '나'를 상실한 인간은 이제 더 이상 나를 찾을 수 없다. 그저 세류에 따라 생각 없이 살기도 한다. 심지어 피로에 지친 인간은 나를 만날 수 있는 터널의 끝을 기대하지 않는다. 앞서는 것이 싫어 뒤따라가는 것을 즐기기도 한다. 그만큼 시행착오를 겪지 않는다는 짧은 생각 때문이다. 생활반경이 크면 클수록 규제를 많이 받아 삶의 질이 떨어진다고 착각해 생활반경을 줄이겠다는 생각이다.

늘 '우리'와 '남'을 보고 살아왔지 '나'를 자주 들여다보고 살아 본 적이 있는가? 과연 이것이 '내 삶'인가 '남의 삶'인가? 이제 '사회 보존의 의무'를 가진 '타자'로부터 벗어나 '나 보존의 의무'를 가진 '자신'의 유전자 지도를 그려보자. 삶의 중심에 '나'를 위치시키자. 타자의 시선과 강제성 때문에 일찌감치 숨어버린 심연(深淵)의 '나'를 찾아 진정한 나의 주인이 되도록 하자. 방법은 하나, 과감히 타자 추방을 시도하는 것이다. 가방 하나 메고 미지로 여행을 홀연히 떠나 새로운 사람과 낯선 상황을 만나 보자. 혼자임을 자부할 수 있는 자연인이 되어 보기도 하자. 사회관계와 사회구조에서 자주 이탈해 보자. 멍 때리기로 머리를 비워도 보자.

사고와 행동을 제약하는 기존의 틀을 벗어버리고 내 사고와 내 눈의 프레임을 확장하자. 특히 '타자'는 '기득권자와 위정자들이 나를 죽이기 위해 만든 무기'일 수도 있다는 점을 명심하자. '타자'를 따르지 않는 자를 왕따 시키거나 매장시키는 세태가 아닌가? 우리가 습관적으로 외치는 '우리는 하나'는 나를 매장시키는 가장 치명적인 구호다.

'나'를 찾아 나선 사람이 있다. 온갖 주장이 난무하고 땅따먹기에 혈안이 되었던 중국 전국시대 양주(楊朱)다.

어느 날, 양주가 묵자의 제자 금활리(禽滑厘)를 만났다. 금활리가 대뜸 양주에게 물었다.

"선생님의 털 하나를 뽑아 세상을 구할 수 있다면 그렇게 하겠습니까?"

"어찌 털 하나로 세상을 구할 수 있단 말이오?"

-『열자: 양주편』

양주의 극단적 개인주의, 위아설(爲我說)을 보여 주는 대화는 여기서 그치지 않았다. 시공간을 뛰어넘어 맹자로까지 이어졌다.

양주는 스스로를 위한다는 주장을 취해서, 한 올의 털을 뽑아서

천하를 이롭게 하는 일은 하지 않는다[楊朱取爲我 拔一毛而利天下 不爲也]

　－『맹자: 진심장구상』

　양주에 대한 맹자의 평가는 '어느 누구나 사회를 위해서 결코 한 올의 자신 털도 뽑지 않겠다. 일모불발(一毛不拔)'이다. 이 글귀 해석에는 신중함이 필요하다. 역설의 논리가 포함되어 있어 행간(行間)을 읽어야 한다. 탐정이 사건을 해결해 나가듯 말이다. 당시 정치적 상황을 고려해야 양주가 주장하는 뜻을 제대로 이해할 수 있다. 전쟁이 일상화된 시대다. 수많은 학자, 이른바 백가(百家)들이 '천하를 구할 수 있다'고 떠들어댔던[百家爭鳴] 때다. 양주는 이런 백가들의 주장을 무척이나 비웃었다. 말만 앞세우지 제대로 천하를 구하지 못한다고 확신했기 때문이다.

　천하를 구한다고 나서지 말고 자신부터 먼저 구하라는 일침이었다. 물에 빠져 지푸라기조차 잡지 못하면서 누구를 구하겠다고 나선단 말인가? 양주의 위아설은 '우리나 사회 구조'에서 벗어나 '나'를 찾으라는 메시지가 아닐까?

　아주 먼 옛날 나를 찾는 방법을 알려주고 자신도 자신을 찾아 어디론가 떠난 사람이 있었다. 노자다. 그는 주나라 쇠퇴를 한탄하며 소를 타고 함곡관(函谷關)*에 이르렀다. 이곳은 자신을 찾기 위해 반드시 통과해야 하는 관문이었다. 걸림돌은 문지기

---

* 함곡관: 중국 허난성 북서부 지역으로 동쪽의 중원으로부터 서쪽의 관중으로 통하는 문

윤희(尹喜)였다. 도통 문을 열어주지 않았다. '좋은 글을 써 달라'
며 말이다. 써 줄 글이 없다고 버텼으나 이내 일필휘지로 오천
자를 써줬다. 『도덕경(道德經)』이다. 그리고 떠났다. 우리와 사회
를 벗어나 자신을 찾아서.

# 사라지는 겸손

  기원전 484년, 중국 춘추시대다. 노(魯)나라는 제(齊)나라와 한 판 싸움을 벌였으나 중과부적(衆寡不敵)으로 밀리면서 군사들이 모두 성안으로 대피해야 했다. 제나라 군사들이 활을 쏘아가며 벌떼처럼 쫓아오니 좁은 성문은 퇴각하는 노나라 군사들로 아수라장이었다. 성문지기가 모두 들어온 것을 확인하고 성문을 닫으려는 순간 한 군사가 마지막으로 들어오고 있었다. 맹지반(孟之反)이었다. 일반 병사도 아닌 대부[군사나 제사, 외교 담당]였다. 이 정도 지위라면 앞장서 성문으로 들어왔을 텐데 의외의 일이었다.

  노나라 제후 애공(哀公)은 이 같은 사실을 듣고 맹지반을 불러 칭찬을 아끼지 않았다.

  "오호. 훌륭한 대부로다. 제나라 군사들이 마구 쏘아대는 화살의 위협을 무릅쓰고 병졸들을 낙오자가 없이 모두 성 안으로 대피시켰으니 큰 공을 세웠구나. 큰 상을 내려야겠다. 어떤 상을 원하는고?"

  과찬이라 생각하며 어물쩍거리고 있던 맹지반은 입을 조심스럽게 열었다.

"제가 감히 뒤에 남아 병사들을 엄호한 것이 아닙니다. 제가 탄 말이 싸움에 지쳐 잘 달리지 못했기 때문입니다. 폐하, 그 이하도, 이상도 아닙니다. 부끄럽사옵니다." -『논어:옹야편』

맹지반은 논공행상에 집착하는 여느 장수들과 달랐다. 자신의 공(功)을 전혀 내세우지 않았고 심지어 그 공을 공이라 생각하지도 않았다. 그저 대부로서 당연한 일을 했다고 생각했다.
왕이나 제후(諸侯)들은 자신을 가리킬 때 대상에 따라 달리 표현했다.

제후가 천자(天子), 황제를 뵐 때는 자신을 신모(臣某), 후모(侯某)라 했고 백성들과 만나 이야기할 때는 과인(寡人)이라 했다[諸侯見天子曰, 臣某侯某, 其與民言 自稱曰寡人] -『예기』

원래 과인은 글자대로 해석하면 '집안에 의지할 사람이 적다'는 의미다. 왜 집안에 의지할 사람이 적을까? 모두 혈연관계인데도 말이다. 하지만 서로 덕이 부족하기 때문에 혈연은 아무짝에도 쓸모가 없다. 덕이 부족하니 자신 있게 스스로를 내세울 수 있을까? 결국 자신을 낮출 수밖에 없다.
특히 중국에서는 왕의 자칭(自稱)으로 '고(孤)나 불곡(不穀)'이란 말을 사용하기도 했다. '고'는 '외롭다, 홀로, 고아'라는 뜻이다. '불곡'은 '백성을 잘 다스리지 못하니 곡식보다 못하다'는 뜻으로 왕이 착하지 못함을 말한다. 하늘의 보살핌을 상실해 노예나 종으로 전락함을 의미하기도 한다.

왕은 하늘을 대신해 천하를 다스리는 이른바 천자(天子)다. 이처럼 최고 위치에 있어 무소불위의 절대 권력과 권위를 지닌다. 이런 왕이 무엇이 두렵고 켕겨 자신을 이 같은 표현으로 낮추어 불렀을까? 언뜻 이해가 가지 않는다. 아니, 천자인 황제나 왕이 덕이 부족하고 고아라고? 왜 왕은 미천(微賤)함을 근본으로 자신을 낮추었는가? 맹지반은 최후미(最後尾) 입성에 대해 솔직히 말하지 않고 생뚱맞게 지친 말 핑계를 대었는가?

한마디로 겸손(謙遜) 때문이다. 남을 높이어 귀하게 대하고 자신을 낮추는 태도가 겸손이다. 자신이 잘한 일이나 자랑할 만한 좋은 일이 있을 때 잘 난 척하지 않고 자신을 드러내지 않는 태도 말이다.

맹지반은 후퇴하는 병사들을 엄호하면서 마지막 전선(戰線)을 만든 공(자칫 적 공격으로부터 가장 많이 노출되어 희생양이 될 수 있다. 따라서 최후미 입성은 큰 공으로 간주)을 세웠지만 절대 우쭐대지 않았다. 공을 바라지도 않았다.

왕이나 제후들은 권력을 행사하기에 앞서 백성들에 대한 배려와 존중으로, 만인지상(萬人之上)이 아닌 만인지하(萬人之下)로 자신을 낮추었다. 사실 지칭(指稱)은 그러했지만 전 세계적으로 실제로 자신을 낮춘 왕이나 제후들은 그리 많지 않다. 아마도 왕이나 제후들도 정확한 뜻을 모른 채 습관적으로 사용했는지도 모른다.

정말 자신을 낮춘 제후가 있었다. 주나라를 건국한 무왕의 동생, 주공 단(周公 旦)이다. 그가 겸손의 지존이 아닐까? 단은 노(魯)나라 제후가 되었다. 그러나 노나라 가는 것을 포기했다. 무왕을 아직 더 도와야 했고 설상가상 무왕이 죽자 조카 대신 당분간 천하를 다스려야 했기 때문이다. 아들 백금(伯禽)을 대신 노나라로 보냈다. 그는 백금에게 다음과 같이 당부했다.

"나는 머리를 감다가 손님이 찾아오면 머리채를 손으로 감싸고 맞이하기를 하루에도 세 번씩, 밥을 먹다가도 손님이 오면 뱉기를 세 번씩 하며 정성껏 맞이했다. 노나라에 가서 사람 대하기를 이같이 해라. 그러면 탈이 없다."

프랑스 루이 14세는 '짐(朕)은 곧 국가'라며 절대왕권을 휘둘렀다. 그가 세계 역사상 제법 악명 높은 절대 군주로 알려진 이유다. 반면 프로이센 프리드리히 대왕은 '짐은 제1의 공복(公僕)'이라 했다. 루이 14세는 자신과 국가를 동일시하며 절대왕권을 휘둘렀던 반면 프리드리히 대왕은 자신을 국가나 사회의 심부름꾼으로 자처하며 계몽군주의 모습을 보였다.

요즘 우리 사회는 어떠한가? 자신을 스스로 낮출 줄을 아는가? 공을 타인에게 돌릴 줄 아는가? '겸손이 존재하는가?' 겸손은 눈 씻고도 찾아보기 힘들고 반면 자기자랑이 하늘을 찌른다. 가히 자신을 '피 튀기게 알리는 PR(Public relations)'시대다. 소셜미디어(Social media)의 발달로 겸손은 더욱 위축되고 있다. 소셜미디어는 갈수록 과대 포장한 쓰레기, 교만과 위선으로 가득 차고 있다. 거짓도 아주 쉽게 진실로 둔갑하고 있다.

"킬리만자로 정상 부근에는 얼어 죽은 표범 한 마리가 있었다. 이처럼 높은 곳까지 표범이 무엇을 찾아 올라왔는지 아무도 알지 못했다."

먹이를 찾아(?) 독식하기 위해 킬리만자로 눈 덮인 정상까지 올라와 얼어 죽은 표범과 교만을 찾아 헤매다 막장까지 다가온 인간이 무엇이 다른가? 인간에게서 겸손이 사라지면 인간도 기계나 동물과 다르지 않다. 갈수록 인간은 건조함과 삭막함 그리고 잔인함으로 채워지고 있다.
　겸손의 '謙'은 '말씀 언(言)'과 '모자란다는 뜻을 나타내기 위한 겸(兼)'이 합쳐진 말이다. 자신이 모자라고 미흡하다고 말하는 것이 겸손이다. 상대를 높이고 자신을 스스로 낮추는 것이다.

구름 한 조각

기원전 323년 6월 13일 오후, 고대 메소포타미아 바빌론의 네부카드네자르 2세 왕궁. 신하들과 내로라하는 명의들이 무척이나 부산스러웠다. 그리스 마케도니아 왕 알렉산드로스 대왕이 파란만장한 삶의 족적을 남긴 채 숨을 거두는 순간이었다. 페르시아에 이어 인도까지 정복하며 대제국을 건설한 왕 중의 왕, 대왕에다 겨우 33세이다 보니 죽음은 당연히 엄청난 충격이었다. 명의들이 모여 손 쓸 수 있는 치료법과 명약을 모두 동원했지만 죽음의 그림자를 지울 수 없었다. 알렉산드로스 대왕도 자신의 죽음을 예견하고 있는 듯했다. 유언이 초미의 관심사가 아닐 수 없었다. 왕실 가족과 신하들은 알렉산드로스 입만 바라보고 있었다. 저녁노을이 서쪽 하늘을 붉게 물들기 시작하자 알렉산드로스 대왕의 입이 열리며 말이 힘겹게 흘러나왔다.

"내가 죽어 입관할 때 손을 관(棺) 밖으로 내어놓아라. 반드시 손바닥을 펴서 위쪽으로 향하게 해라."

왕실 가족과 신하들은 뒤통수를 망치로 얻어맞은 듯 머리가 '띵' 하고 어안이 벙벙했다. 대제국을 건설한 대왕의 유언이라고는 믿기 어렵고 황당하다고 생각했기 때문이었다. 아니 유치하다는 생각까지 들었다. 그들은 무언가 다른 유언이 이어질 것이라 생각하며 알렉산드로스 대왕을 바라보고 있었다. 마침내 알렉산드로스 대왕은 마지막 말을 이었다.

"나는 천하를 쥐었다. 하지만 떠날 때는 아무것도 가져갈 수 없다. 죽을 땐 빈손으로 간다는 것을 세상 사람들에게 보여주고 싶을 뿐이다."

절대 권력자 알렉산드로스 대왕은 죽을 때 어느 것 하나 가져갈 수 없다는 것을 보여준 셈이다. 그는 왕이 된 지 12년이 지나지 않은 데다 세계 정복 등 아직도 할 일이 많이 남아있었다. 막강한 절대 권력을 누릴 여건이 충분했다. 그러나 죽음 앞에 서자 그는 권력, 재력, 명예가 삶을 오히려 불편하게 하는 한낱 욕심에 지나지 않는다는 진리를 비로소 깨달았던 것이다.

이 같은 이야기는 우리나라에서도 설화 형태로 전해져 오고 있다. 아주 먼 옛날 경기도 어느 마을에 욕심 많고 이야기 듣기를 좋아하는 한 부자가 살았다. 어느 날, 한 과객이 늦은 밤 찾아와 하룻밤 숙식을 청했다. 그의 무료 숙식 대가는 바로 재미있는 이야기를 해주는 것이었다. 새벽이 되어도 이야기를 듣지 못하자 화가 난 부자가 따져 물었다.

"이보시오. 날이 밝아오는데도 어이해 이야기를 하지 않소. 약속이 틀리지 않소. 아무튼 이야기가 없으니 당장 집을 나가시오."

쫓겨날 상황에 처한 과객은 잠시 생각하다 드디어 입을 열었다.

"며칠전 지나가는 상여를 봤습죠. 그런데 말이요. 참 이상하게도 사자(死者) 양손 바닥이 하늘로 향한 채 관 밖으로 나와 있지 않겠소. 상여꾼들에게 그 연유를 물으니 '빈손으로 태어난 그대로 아무것도 가지지 않고 돌아감'을 죽은 자가 보여주는 것이라고 말하지 않겠소."

부자는 처음에는 무슨 소리인지 이해를 하지 못해 머리를 갸우뚱하더니 이내 알아차렸다. 이어 하인들을 불러 성찬을 준비하라고 일렀다. 그날 과객은 상다리가 휘어지는 진수성찬을 받았고 부자는 곳간을 열어 가난한 사람들에게 곡식을 나눠줬다. 그 부자는 하나를 듣고 열을 깨우친 지혜로운(聞一知十) 사람이었다.

주머니가 없는 옷이 있다. 인간이 태어날 때 처음 입는 옷 '배냇저고리'다. 태어나는 인간은 어미에게 절대 의존적이어서 무엇을 챙길 필요가 없다. 배고프면 그저 울면 된다. 모든 것을 어미가 챙겨 준다. 그러니 내일을 위해 무엇을 준비할 필요가 없다. 욕심이 없다는 얘기다.

저승 가는 사자(死者)가 입는 수의(壽衣) 역시 호주머니가 없다. 죽은 자가 뭘 챙길 수 있겠는가? 챙길 의지도 없고 설령 유족이 챙겨준다 해도 아무 쓸모가 없다. 호주머니는 분명 용도가 있거나 예상되는 물건을 넣어 챙겨두는 것인데 반해 죽은 사람은 주머니에 넣은 어떤 물건도 전혀 사용할 수 없기 때문이다. 그래서 죽은 자는 황천길 가는데 필요한 노잣돈, 동전 몇 닢만 입속에 넣고 간다. 사자가 삼도천(三途川)을 건널 때 뱃사공에게 줄 뱃삯이다.

사실 수의에 주머니가 있긴 하다. 머리카락을 넣은 주머니 1개, 좌우 손톱을 넣은 주머니 2개, 좌우 발톱을 넣은 주머니 2개 등 모두 다섯 개의 주머니[오낭(五囊)]를 말한다. 시신을 목욕시킬 때 빠진 머리카락과 좌우 손발톱을 단정하게 하기 위해 자른 손·발톱을 각각 주머니에 넣어 시신과 함께 관 모서리에 보관한다. 주머니이지만 수의에 붙어있지 않다. 때문에 무엇을 넣어 소유하는 의미의 주머니라 할 수 없다. 시신은 무엇을 넣어 가지고 갈 수 없는 셈이다. 유언에 따라 무엇을 가져간다면 수의가 아닌 관속 한 구석에 넣는다.

사람이 죽으면 빈손으로 간다는 얘기는 불가에서도 흔하게 회자된다. 공수래공수거(空手來空手去)다. '인간은 빈손으로 왔다가 빈손으로 돌아간다'는 뜻이다. 어떤 것도 가지고 태어나지 않았으니 죽을 때도 어떤 것도 가지고 가지 않는다. 평생 동안 무엇에 집착해 어떤 것도 소유할 필요가 없다는 경고다. 필요한 것은 잠시 소유할 뿐 다시 돌려주거나 내려놓아야 한다. 부귀영화가 덧없으니 인생의 무상함을 당연히 받아들여야 한다. 과욕(過慾)의 집착을 경계하는 강한 메시지이기도 하다.

평생 내 것인 줄 알고 악착같이 챙긴 많은 물질과 상념(想念)들을 하나도 가져가지 못한다. 내려놓고 버려두고 가야 하니 물질과 정신에 과도하게 집착하지 마라. 노자의 무욕(無慾)론, 욕심을 채우는 과욕(過慾)이 아닌 덜어내는 과욕(寡慾), 새겨볼 명언이다. 서산대사가 입적하기 전 읊었다는 해탈문도 마음에 와 닿는다.

태어남은 한 조각의 구름이 이는 것이다[生也一片浮雲起]. 죽음은 한 조각의 구름이 사라지는 것이다[死也一片浮雲滅] 구름은 본시 실체가 없다[浮雲自體本無實] 살고 죽고 오고 감이 모두 이러하다[生死去來亦如然]

알몸으로 태어나서 건진 옷 한벌에 감사해야 하지 않을까?

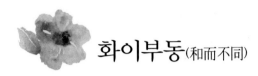

화이부동(和而不同)

　지난 1974년 7월 무더운 날, 미국 텍사스 주 콜맨에서 있었던 실화다. 경영 전문가 제리 B. 하비(Jerry B. Harvey)가 처가를 방문했다. 처가 식구들이 무더위 속에 선풍기 하나 틀어놓고 도미노 게임을 하고 있었다. 하비의 장인이 뜬금없이 "우리 애빌린(Abilene) 시(市)에 가서 스테이크 먹을까?"라고 말했다. 아내는 생각 없이 동의했고, 다른 가족도 그저 동의하는 눈치였다. 하비 역시 "장모님이 괜찮으시다면……." 하며 조건부 동의했다. 사실 하비는 애빌린이 그곳에서 85km나 떨어져 승용차로 왕복 2시간이 걸리는 데다 승용차가 에어컨 없는 구식이어서 고생할 것이 뻔하기 때문에 가고 싶지 않았다. 여하튼 가족들은 애빌린으로 출발, 에어컨 대신 가야컨(창문을 열고 차가 가면 바람이 들어와 다소 시원함을 비유. 에어컨이 설치되지 않은 차)의 차 안에서 한 시간여 동안 고생 끝에 목적지에 도착했다. 가족들은 그저 그런 맛의 스테이크를 먹었다. 귀갓길도 차 안의 찜통더위, 도로의 먼지, 최악의 승차감 등의 고통을 감수해야만 했다.

　집에 도착하자마자 장모가 먼저 투덜거렸다.

"난, 사실 가고 싶지 않았는데 가자고 난리를 치는 바람에 어쩔 수 없이 따라나섰어. 괜히 갔어."

하비도 장모 의견에 동의했다.

"애빌린에 가고 싶지 않았어요. 단지 다른 사람들이 원하는 대로 하려고 갔을 뿐이에요."

그러자 하비 아내도 말했다.

"당신 좋으라고 갔던 거예요. 이렇게 더운 날 외출하는 것은 미친 짓이죠. 거기다가 스테이크도 맛이 별로였어."

애빌린에 가자고 말을 꺼냈던 장인이 입을 열었다.

"다들 지루해하는 것 같아서 그냥 제안해 본 것뿐이었는데……."

누구도 가고 싶지 않았지만 모두 그 먼 애빌린에 별로 구미가 당기지 않는 스테이크를 먹으러 갔던 것이다. 이 같은 이율배반의 현상을 어떻게 설명할 수 있을까? 마음 내키지 않지만 왜 모두 가겠다고 동의했는가? 이 현상을 하비는 '애빌린의 역설(Abilene paradox)'이라 했다. 이는 집단 의견이 자신과 상반되어도 거부하지 못한 채 집단 의견을 무심코 따르는 심리를 일컫는 사회심리학 용어가 되어 지금에 이르고 있다.

'애빌린의 역설'은 주변에서도 흔히 볼 수 있다. 회식 자리 '~을 위하여'라는 건배사에서 이 역설이 빛을 발한다. '위하여'의 '위'는 한자어로 '爲'다. '어떤 목적을 이루려 한다'는 뜻이다. 타인이나 조직, 국가를 위하는 마음을 술잔에 담아 마시면서 그것이 이뤄지도록 기원하자는 원대한 뜻을 품고 있다. 그러나 '위하여'는 짚고 넘어갈 부분이 있다. 건배사를 하는 사람은 참석자의 생각이나 의견을 전혀 고려하지 않는다. 아니, 어쩌면 무시한다. 참석자 역시 싫든 좋든 앵무새처럼 따라 한다. '내가 이렇게 하니 너희들도 이렇게 하라'는 강요와 이런 강요를 피할 수 없는 상황이 설정된다. 특정 건배사에 동의하고 싶지 않지만 분위기에 압도되어 어쩔 수 없이 동의하는 셈이다.

메뉴 주문에서도 '애빌린의 역설'은 나타난다. 위계서열상 높은 사람이 특정 메뉴를 주문하면 대부분 '저도요, 미투' 하고 입을 모은다. 심지어 만장일치 때도 있다. 물론 반드시 상사 또는 구성원과 같은 음식을 먹고 싶어서가 아니다. 괜한 노파심이나 공동체 의식이 작용하기 때문이다. 이른바 '폭탄주 원 샷(one shot)'은 여지없이 '애빌린의 역설'이다. 마시고 싶지 않지만 분위기나 집단사고 때문에 마지못해 마시기 일쑤다. 열외 없이 술잔을 돌려가며 마시는 '돌돌이 잔'은 더 심하다. 끝까지 마시지 않을 수 있지만 집단사고가 자신의 의지를 어느 샌가 무너뜨린다. 친구 따라 강남 가는 셈이다. 부화뇌동(附和雷同)이다.

애빌린 역설의 당사자들은 왜 집단 사고에 동조해 그런 행위를 했는가를 따진다. 문제는 서로를 탓한다는 점이다. 자신은 애빌린에 가고 싶지 않았지만 남편이 가자고 해서, 아내가 가자고 해서, 장모가 동의해서 등등 말이다. 나는 소폭(맥주와 소주 혼합주)을 마시지 않으려 했는데 네가 강요해서, 분위기를 깨기 싫어서 마셨다며 상대를 비난하고 상황을 불평한다. 동조행위 결과가 만족하지 않으면 불편과 불만의 원인을 반드시 남 탓으로 돌린다.

집단 내 일치된 행동은 구성원의 소통이 잘 이루어진 것처럼 보인다. '애빌린의 역설'에 의한 소통은 환영(幻影)에 불과하다. 심하게 말해서 분위기에 편승한 '자아 살해'다. 집단의견에 감히 반대하지 못한 채 자신을 무시하고 그냥 동의하는 셈이다. '강요된 공동체 의식'때문에 '자발적인 나'를 상실한 상태에서 오는 집단최면상태가 아닐까? 이는 개별성 발현을 억제하거나 집단주의적 사고방식을 거역하기 힘들게 한다. 이는 당당한 사회 구성원의 자세가 절대 아니다. 그저 사고를 기피하거나 외압을 이기지 못하는 일차원적 인간의 행태다. 인간은 사회적 동물이므로 관계 속에서 살아가야 하는 것은 불가피하지만 개개인의 고유한 개성과 목소리가 지나치게 위축되는 것도 경계해야 한다. '상호 존중 기피'와 '따라 하기 선호'가 요즘 인간들의 보편적 행태다.

BC 5세기 '애빌린의 역설'을 간파한 성인이 있었다. 공자(孔子)다. 공자가 이르기를 '군자는 화이부동(和而不同)이요, 소인은 동이불화(同而不和)이다'라 했다. '군자는 남과 조화를 이루지만 생각 없이 따라 하지 않는다. 소인은 생각 없이 남을 따라 하지만 서로 조화를 이루지 못한다.' 바로 소인의 행동이 '애빌린의 역설'이다.

우리는 '애빌린의 역설'을 강요하는 사회에 살고 있다. 아니, 오히려 우리가 나서서 '애빌린의 역설'을 즐기고 있지 않나 의심스럽기도 하다. 창조적 상상(想像)과 사고(思考)를 기피하기 때문이다. 이제 '애빌린의 역설'에 감겨 자기희생을 감행하지 말고, 자아가 빠진 패키지 삶에서 벗어나자. 그래야 공동체에 꼭 숨어 있는 자신의 본질을 찾을 수 있다. 이것이 진정한 열린 소통사회다.

누구도 실제로 동의하고 싶지 않았다. 단지 분위기 때문에 거부의 말을 하지 않았을 뿐이다. 우리 사회가 애빌린으로 가고 있지 않나? 자못 의심스럽다.

헛것을 붙잡고

역설(逆說, Paradox). 겉으로는 말이 안 되고 자기 모순적이며 부조리한 것처럼 보이지만 해석의 과정을 거쳤을 때 그 의미가 올바르게 전달될 수 있는 진술을 말한다. 누구나 쉽게 인정할 수 있는 주장과 이에 상반되는 주장을 동시에 펴 아주 예기치 못한 중요한 진리를 전달하는 방법이다. 논리적 모순을 일으키지만 함축적인 진리를 포함하고 있다. 원래 'Paradox'는 반대를 뜻하는 그리스어 'para'와 의견을 뜻하는 'doxa'의 합성어이다. 다른 말로 번역하면 '배리(背理) 또는 이율배반(二律背反)'이라고 도 한다.

소크라테스 아포리아(aporia: 어떠한 사물에 관해 전혀 해결책을 찾을 수 없는 난관의 상태)나 제논 역설(거북이가 먼저 출발하면 거북이 보다 천 배 빠른 아킬레우스는 거북이를 절대 따라잡을 수 없다) 등이 대표적 역설이다.

이처럼 역설의 출발지는 철학이다. 지금에 와서는 시문학 등에 많이 사용되고 있다. 아주 참신하면서도 시대적 슬픔을 잘 묘사한 역설이 있다. '우리 시대의 역설(The paradox of our time)'이다.

건물은 높아졌지만 인격은 낮아졌다. 길은 넓어졌지만 시야는 좁아졌다. 소비는 많아졌지만 더 가난해졌다. 집은 커졌지만 가족은 줄어들었다. 학력은 높아졌지만 상식은 부족하다. 지식은 늘었지만 판단력은 오히려 떨어졌다. 약은 많아졌지만 병은 더 많아졌다. 원자는 쪼겠지만 편견은 부수지 못했다. 달에 갔다 왔지만 이웃관계는 더 멀어졌다.(이보다 긴 데다 계속 추가되고 있어 중요한 부분만 추렸다.)

이 역설의 원조는 미국 시애틀의 한 교회 목사인 밥 무어헤드(Bob Moorehead)다. 1995년 무어헤드는 자신의 저서 『Words Aptly Spoken』에서 'The paradox of our age'란 용어를 처음 언급했다. 이 무어헤드의 역설은 1999년 4월 20일 미국 칼럼바인(Columbine) 고교 신원미상의 학생에 의해 인용되면서 살이 붙기 시작했다. 용어도 'The paradox of our time'으로 변형되었다. 당시 이 학교에서 발생한 총격 사건의 충격을 당시 시대의 아픔으로 표현한 아주 짧은 에세이다. 여기에 당시 호주 콴타스항공 CEO 제프 딕슨(Jeff Dickson)이 내용을 추가해 인터넷 사이트에 올렸다.

그 후 여기저기서 인용하거나 퍼가 내용이 추가되면서 지금에 이르고 있다. 아직도 이 역설 칼럼에는 누리꾼들이 조금씩 또 다른 역설을 보태고 있다. 역설이 꼬리에 꼬리를 물고 있어 언제 끝날지 예상할 수 없을 정도다.

여기서 '우리 시대의 역설'은 '누가 원조이고, 누가 인용했는

62

가?'는 중요하지 않다. 중요한 것은 역설이 끊임없이 회자되고 첨가된다는 점이다. 역설이 시대의 아픔을 너무나 잘 대변하고 있기 때문일까?

그렇다면 역설이 이어지지 않거나 줄어들고, 사라지기 위해서는 어찌해야 할까? 욕심을 버리면 되지 않을까? 욕심이 없다면 건물이 높이 올라가지도 않을 테고, 집만 넓히지 않을 테고, 지식을 지나치게 추구하지도 않을 테고, 달나라도 가지 않을 테니까 말이다.

시대의 역설을 예측이라도 한 듯 기원전 중국 노자는 의미심장한 또 다른 역설을 제시했다. 비움의 철학이다. 이 비움의 철학이 '우리 시대의 역설'에 적지 않은 해결책을 제시하는데 도움이 되지 않을까?

학문을 하면 날마다 지식이 늘어나고, 도를 닦으면 날마다 욕심이 줄어든다. 욕심을 덜고 또 덜어내면 무리해서 무엇을 하려 하지 않고 스스로 자연스럽게 사는 경지에 이른다[爲學日益 爲道日損損之又損, 以至於無爲, 無爲而無不爲 爲無爲 則無不治]

-『노자』

더 많은 지식을 챙기려는 욕심일 수도 있고, 물질을 보다 많이 소유하려는 욕심일 수도 있다. 여하튼 지식욕이든 물욕이든 모두 다 덜어내라는 얘기다. 지식욕과 물욕의 한계는 없다. 지식욕과 물욕이 가득하면 삶은 오히려 궁핍해지고 자유롭지 않다.

지식과 물질추구에 빠져 버리면 자신의 본질을 찾을 수 없기 때문이다. 사회구조의 틀에 부지불식간에 적응해 스스로 구속된다는 것이다. 이렇게 되면 '덕(德)'은 사라진다. 덕은 원초적이며, 내재적이며, 선험적 삶의 잣대이다. 스스로를 규제할 잣대의 상실은 '법(法)'을 등장시킨다. 법은 외재적으로 강제하는 압력이다. 이때부터 인간은 갈등과 빈곤이 싹트기 시작한다. 법이 지배하는 사회는 '우리 시대의 역설'의 강도를 갈수록 높인다.

반면 덕이 있는 사람은 '우리 시대의 역설'을 만들지 않는다. 욕심에서 벗어나 사회구조로부터 자유롭기 때문이다. 그러나 덕이 상실되어가는 지금 '우리 시대의 역설'을 막을 수 없다. 갈수록 '우리 시대의 역설'은 길어지고 많아진다. 아마 지금도 누군가가 '우리 시대의 역설'에 또 다른 역설을 추가하고 있을 것이다. '시대의 역설'이 없는 세상은 물론 이상향에 지나지 않는다. 노자의 주장도 현실성이 떨어져 수사학적 면이 강하다. 사회구조의 복잡성과 다양성이 강화될수록 '시대의 역설'은 당연한지도 모른다.

'우리 시대의 역설'은 현대의 약점과 부조리를 강하게 찌르는 '촌철살인(寸鐵殺人)의 또 다른 역설'이다.

지음(知音)

　내 마음을 정말 잘 알아주는 사람이 있으면 얼마나 좋을까? 살아가면서 몇 명이나 이런 사람을 만날 수 있을까? 궁금하지 않을 수 없다.

　남의 마음을 잘 알아준 사람은 중국 춘추시대 초(楚)나라 종자기(種子期)가 아닐까. 어느 날, 거문고의 달인 진(晉)나라 유백아(俞佰牙)가 초나라에 사신으로 왔다. 원래 고향이 초나라였던 백아는 고향 정취에 취한 데다 중추절이어서 달을 보며 거문고를 구성지게 탔다. 까치발을 하면 쉽게 별을 딸 것 같았고 금방이라도 쏟아져 내릴 것 같은 별들이 빼곡한 밤하늘 아래 백아의 거문고 선율은 초나라 전체를 휘어 감고 있었다. 백아는 높은 산에 오르고 싶은 마음으로 거문고를 탔다.

　때마침 나무꾼인 종자기가 밤늦게까지 나무를 하고 집으로 돌아가던 중 갑자기 멈췄다. 거문고를 타는 백아를 지켜보며 그 선율에 심취했기 때문이었다. 한갓 나무꾼이 음악을 알면 얼마나 알겠느냐 하겠지만 그는 연주가 끝나자 자신도 모르게 감탄을 자아냈다.

　"거문고의 선율이 정말 굉장합니다. 태산이 눈앞에 우뚝 솟아

있는 느낌입니다[知在太山 則巍巍]"

나무꾼은 그리고 힘찬 박수를 보냈다. 고맙다는 눈인사에 이어 백아는 흐르는 강물을 생각하며 거문고를 탔다. 귀담아듣고 있던 종자기가 또다시 찬사를 아끼지 않았다.

"이번은 강물이 세차게 눈앞을 흘러가는 느낌입니다[志在流水 則曰湯湯]"

그 후로도 종자기는 백아가 거문고를 탈 때마다 거문고에 담은 백아의 마음을 꿰뚫었다. 백아는 거문고 타는 소리에 담은 자신의 마음을 알아주는 종자기에 너무 감사했다. 지금까지 백아가 거문고 타는 의중을 알아준 사람은 없었기 때문이었다. 비록 나라와 신분이 다르지만 백아는 종자기에게 의형제를 맺자고 요청했다. 종자기는 흔쾌히 이를 받아들였다. 백아가 진나라로 돌아간 뒤 어느덧 시간이 흘렀다. 백아는 다시 초나라를 찾아 거문고를 탔다. 아무리 거문고를 타도 종자기는 나타나지 않았다. 그는 수소문 끝에 종자기가 죽었다는 소식을 들었다.

"아, 이제 나의 거문고 타는 소리를 누가 들어줄꼬? 더 이상 들어줄 사람이 없는데 거문고 탈 이유가 있을까?"

백아는 종자기의 죽음에 눈물을 흘리며 거문고를 탔다. 그러나 거문고 연주에 몰입되지 않는데다 종전의 고운 선율도 나오지 않았다. 이제 자신의 거문고 소리를 알아주는 사람이 없었다. 그는 거문고를 부숴버리고 더는 거문고를 타지 않았다[鍾子期 死 佰牙絶絃 痛世無知音者]

'거문고 소리를 알아주는 자가 없다[無知音者]'에서 '지음(知音)'이란 고사성어가 유래됐다. 자신의 마음을 알아주는 친구, 절친한 친구를 일컫는다. '고산유수(高山流水)'란 성어도 만들어졌다. 원래 종자기가 백아의 거문고 소리를 듣고 말한 '높은 산과 그곳에 흐르는 물'이란 뜻이다. 하지만 아주 미묘한 음악 특히 거문고 소리를 이르거나 자기 마음속과 가치를 잘 알아주는 참다운 친구를 비유한다. 지음이나 고산유수는 그냥 친구가 아니다. 눈짓, 몸짓 하나로, 말 한마디로 서로 통하는 그런 친구다.

'지음'이 없어 겪는 외로움과 허전함을 시로 표현한 문장가가 있다. 신라 말기 최치원(崔致遠, 857~?)이다. 오언절구, 「추야우중(秋夜雨中)」으로 당나라 유학 때 겪은 외로움을 가슴 저리게 읊었다.

가을바람에 오직 괴로이 읊나니, 세상에 나를 알아주는 벗이 없구나[秋風惟苦吟 世路少知音] 밤이 깊어 창밖에는 비 내리고, 등불 앞 만 리 떨어진 고향 생각뿐이네[窓外三更雨 燈前萬里心]

최치원은 귀국했으나 신라의 국운이 다해가자 전국 방방곡곡을 방랑했다. 지금 충북 서쪽에 머물면서 그곳에 소나무 다섯 그루(五松)를 심어 '지음'이 없어 외롭고 허탈한 심정을 달랬다. 후세 사람들은 이곳을 소나무 다섯 그루란 뜻의 '오송(五松)'이라 했다. '오송'이란 지명은 최치원이 지은 셈이다. 다해가는 국운을 슬퍼하는 최치원의 마음을 이 오송이 알아주었다. 소나무 다섯 그루는 최치원의 지음이었다.

'지음' 하면 부처 제자 가섭존자(迦葉尊者)를 빼놓을 수 없다. 염화미소(拈華微笑), 염화시중(拈華示衆)의 주인공이다. 어느 날, 부처가 제자들을 영산(靈山)에 불러 모았다. 설법 중 연꽃 한 송이를 집어 들고[拈華] 말없이 약간 비틀어 보였다[示衆]. 대부분 제자들은 부처의 행동을 이해할 수 없었다. 그러나 가섭은 그 뜻을 깨닫고 빙그레 웃었다[微笑]. 가섭만이 "연꽃은 진흙 속에서 살지만 꽃과 잎에는 진흙이 묻지 않듯이 불자 역시 세속의 추함에 물들지 말고 오직 선을 행하라"는 부처의 심오한 의도를 깨달은 것이다. 말과 글로 설명하지 않아도 마음과 마음이 통해 상대방의 마음을 꿰뚫어 이해한 것이다. 바로 이심전심(以心傳心)이다.

우리는 친구를 비롯해 참으로 많은 사람과 관계를 맺고 소통하며 산다. 그래서 인간을 사회적 동물이라 한다. 그렇다 해도 사람들은 상대방을 얼마나 알고 관계를 맺고 있을까? 관계는 공식적이고 형식적이고 이해타산적인 면이 강하다. 관계 대상이 너무 많기 때문에 필요한 것만 알면 만족한다. 특히 요즘은 인간보다 TV, 컴퓨터, 스마트폰 등 각종 문명 이기(利器)와 관계가 더 잦아지고 두터워지고 있다. 인간관계가 더욱 소홀해지고 얇

아지는 것이 필연적이다. '지음'도, '염화미소'도 불필요한 세상이다. 다른 사람의 마음보다 오히려 이해 관심을 더 잘 아는 것이 나은 세상이 되었다. 이 세상은 윤활유가 말라 삐걱거리며 돌아가는 톱니바퀴가 아닐까?

인간은 사람 간(間), 관계 속에서만 그 존재 의미가 있다. 많은 사람을 만나며 부대끼며 산다는 얘기다. 이럴 진대 '지음과 염화미소' 관계를 과연 소홀히 해도 되겠는가? '지음과 염화미소'는 기계문명에 풍덩 빠져 일회적이고 소비적 만남으로 전락한 인간들의 본성을 되찾는 길인지도 모른다. 부처는 어디서나 연꽃을 들고 우리들에게 보여주고 있다. 그저 편함이 아님에도 편하다는 궁색한 이유에다 이해(利害)에 눈이 멀어 그 연꽃을 보지 못한 채 살고 있다. 마음을 내주지 않으면 상대가 받아들이려 해도 지음이 아니 되고, 설령 내주어도 상대가 받아주지 않으면 이 또한 지음이 되지 않는다.

인생, 그놈

　어느 날, 젊은 대왕이 스승에게 인생을 알고 싶다며 인생에 관한 책 10권을 써 오라고 했다. 10년에 걸쳐 10권이 완성됐다. 당시 왕은 혈기가 왕성한 데다 영토 확장을 위한 전쟁을 끊임없이 벌어야 해 책 읽을 시간이 없었다. 결국 절반으로 줄이라는 명령이 떨어졌다. 10권이 절반으로 축소되는데 5년이 걸렸다. 왕은 영토 확장을 위한 전쟁을 끝냈다. 이젠 인생에 관한 책을 읽을 수 있겠지 했다. 하지만 곳곳의 내란 진압 등 내치에 힘쓰다 보니 이때 역시 책 읽을 시간이 부족했다. 다시 한 권으로 축소하라고 명했다. 10권에서 5권으로, 다시 1권으로 줄이는 것은 10권을 쓰는 것보다 더 어려웠고 시간도 더 걸렸다.

　스승은 요약에 요약을 거듭해 드디어 자신 나이 90을 넘어서야 10권을 1권으로 줄여 진상했다. 불행히도 이때 대왕은 너무 몸을 혹사시켜 시력이 약화되고 기력이 떨어져 책을 읽을 수 없었다. 스승은 읽어 주려 했으나 대왕은 귀마저 먹고 말았다. 스승은 며칠을 고민한 끝에 빈손으로 대왕을 만났다. 둘의 문답은 참으로 간단명료했다.

　"그래, 인생이란 무엇인고?"

스승은 주저하지 않은 채 종이에 다음과 같이 썼다.

"생로병사(生老病死)입니다."

인생은 '태어나서 늙고 병들어 죽는 네 가지 고통'이라는 것이
다. 권력, 재산, 권위까지 몽땅 가졌던 절대자 왕은 이 '생로병사'
란 한마디만 듣고 고개를 끄덕인 채 숨을 거뒀다. 결국 대왕이
인생에 대해 안 것은 '생로병사' 네 글자였다.

생로병사. '생(生)'은 철(屮), 일(一), 토(土)로 구성된 글자다. '철'
은 풀포기의 상형이며, '일'은 땅바닥, '토'는 흙이다. 그러니까
'생(生)'은 땅바닥 흙을 뚫고 돋아난 한 포기 새싹을 의미한다.
딱딱한 땅바닥을 뚫고 햇빛을 보는 것이 그리 녹록지 만은 않다.
탄생 그 자체가 환희보다 고통이다. 이렇게 태어난 인간은 젊음
을 누리는 동안 부지불식간에 늙는다. 노(老)다. '老'는 '털 모(毛)'
와 '사람 인(人)'과 '지팡이 비(匕)'의 합자로 '머리카락이 길고 허리
가 굽은 노인이 지팡이를 짚고 서 있는 모양'을 본뜬 상형문자다.

네 발로 기어 다니다 두 발로 서고 이젠 세 발로 걸어야 한다.
이 역시 고통이다. 인간은 늙으면, 마음과 육체에 고통이 엄습
한다. 병(病)이다. '病'은 기댈 '녁(疒)'과 '병(丙)'이 합쳐진 글자로
'아픈 사람이 젓가락에 의지해 앉아 있는 모습 또는 병상에 두
손을 아래로 내려뜨리고 누워있는 형상'이다. 병들면 인간은 반
드시 죽는다. 사(死)이다. '死'는 '앙상한 뼈 알(歹)' 앞에 '사람 인
(人)'이 꿇어앉아 애도하는 모습이다. 앙상한 뼈는 생명체의 죽

음을 상징한다. 죽음은 인생의 마지막 고통이다.

생로병사의 네 가지 자체보다 그 사이[間]가 더 큰 고통이다. 태어나는 과정, 태어나서 늙어가는 과정, 늙어서 병 들어가는 과정, 늙어서 죽어가는 과정이다. 이 과정은 온몸을 상처투성이로 만들어도 피할 수 없는 가시나무 숲과 같다. 아니 몸서리 치고 시달려야 해 가고 싶지 않은 시타림(尸陀林)*이다.

17세기 스페인 극작가 겸 성직자 칼데론(Pedro Calderon)은 '태어나는 것 자체가 죄'라며 삶을 부정했다. 어찌 보면 당장 죽는 것이 그나마 고통에서 벗어나는 최선인지 모른다.

그래도 인간들은 생로병사의 고통을 벗어나려 안간힘을 쓴다. 감히 무병장수에 도전한다. 그러나 모두 허사다. '老'와 '病'의 고통은 의학 등으로 다소 더는 수준에 지나지 않고, '生'과 '死'는 인간 의지대로 가능하지 않아 안간힘조차 쓸 수 없기 때문이다. 태어나고 싶다고 해서 태어날 수 없으며, 죽고 싶다고 죽을 수도 없다[자살은 제외].

2,500여 년 전 공자는 나이 오십을 지천명(知天命)이라 했다. 인생은 사람의 힘으로 어찌할 수 없고 하늘의 명령에 따르게 되는 것을 깨닫는 도리밖에 없다. 성인인 공자도 쉰 살이 넘어서야 비로소 생로병사와 그 사이를 피할 수 없는 운명으로 받아들인 것이 아닌가 싶다.

---

* 시타림은 죽은 시신을 버리는 인도 지역의 숲이다. 독수리 떼들이 날아와 시신을 먹어 치우는 조장(鳥葬)의 풍습이 행해진 곳이다. 불교 수행자는 고행의 장소로써 이곳을 통과하면서 시체 썩는 악취와 각종 질병을 견뎌내야만 하는 곳이다. '시달리다'라는 단어가 시타림에서 유래됐다.

'Amor Fati', '운명을 사랑하다' 니체의 말이다. 어차피 피할 수 없고 해결할 수 없는 운명이라면 그 운명을 끌어안고 즐기라는 얘기다.

생자필사(生者必死)다. 그냥 죽는 것이 아니고 늙어 병드는 고통이 수반된다. 하지만 그 나마 위안은 아마도 상선약수(上善若水)가 아닐까?

최고의 선은 물과 같다. 물은 만물을 이롭게 하는 데 뛰어나지만 다투지 않고, 모든 사람이 싫어하는 곳에 머문다. 그러므로 도에 가깝다[上善若水, 水善利萬物而不爭, 處衆人之所惡, 故幾於道]
　　-『노자』

이처럼 최고의 선(上善), 물의 철학을 펼친 노자는 생로병사의 고통을 다소 덜었을까?

청산은 나를 보고 말없이 살라 하고[靑山兮要我以無語]
창공은 나를 보고 티 없이 살라 하네[蒼空兮要我以無垢]
사랑도 벗어 놓고 미움도 벗어 놓고[聊無愛而無憎兮]
물같이 바람 같이 살다가 가라 하네[如水如風而終我]

고려 말 나옹(懶翁)선사의 시다. 여기서 말하듯 말없이 티 없이 살고, 사랑도 미움도 벗어놓고, 물과 바람 같이 살면 생로병사의 고통이 사라질까?

# 궁리하기

  '골이 비다'에서 '골'은 뼈 중심부에 가득 차 있는 골수(骨髓) 혹은 뇌(腦)다. 원래 '골이 비다'는 '뼛속에 있는 골이 비다'가 원형이다. 그러니까 '골이 비다'는 '뼛속에 골수나 뇌가 없다'는 얘기다. 뼛속에 골이 비었다고? 그럼 그 뼈는 아무 쓸모가 없다. 뼈의 생명은 골에 있으니까. 골 빈 뼈로 구성된 사람을 상상할 수 있을까?

  '(뼛속에) 골이 비다'는 주로 비유적으로 쓰인다. 지각이나 소견이 없음을 낮잡아 이르는 말이다. 생략된 '뼈'는 머리이고, '골'은 정보나 지식 혹은 지혜다. '골이 비다'는 머리에 정보, 지식, 지혜 등이 없다는 얘기다. 이른바 꼴통, 바보인 셈이다. 꼴통은 '골수와 뇌수를 담고 있는, 뇌를 엎어 싼 통(桶)'의 속어다. 골수를 담고 있는 통이 비었으니 그 골통이 뭔 쓸모가 있겠는가? 그러니 꼴통이지.

  '골이 비다'는 한마디로 아는 게 없어 두뇌가 텅 비었다는 표현이다. 정말 골이 텅 빌 수 있을까? '있다'고 주장한 철학자가 있다. 17세기 후반 영국 철학자 로크(John Locke)다. 인간의 마음은 태어날 때 백지와 같이 아무런 관념도 없다는 '백지설(白紙說: Theory of tabula rasa)'을 주장했다. 백지는 아무것도 써 있지 않은 종이다.

인간이 성장하면서 '골'은 경험과 학습, 성찰을 통해 만들어진다. 그러니까 골을 채우는 초창기 어떻게 어떤 골을 채우느냐가 두뇌발달에 결정적 요인인 게다.

인간은 백지상태에서 태어나 엄마 등 가족으로부터 부지불식간에 많은 정보와 지식을 얻는다. 빈 종이에 온갖 형태의 글자를 쓰고 총천연색의 그림을 그려나간다. 한마디로 골통에 골을 채워나간다. 채워지는 골은 삶의 방향과 질을 결정한다. 자연과 인간과의 관계를 설정하고 적응하는 방법을 알게 된다. 뼛속, 골통이 채워지면 채워질수록 인격이 형성된다. 빈 골통에 알찬 골을 채워가는 과정이 가장 바람직한 삶인 것이다.

하지만 큰일 났다. 이런 골이 채워지지 않고 있기 때문이다. 아니 큰일의 원인은 갈수록 골이 줄어든다는 데 있다. 사고가 점점 사라지고 있다. 인간들은 기꺼이 사색과 궁리를 하려 들지 않는다. 늘 편의주의적, 현실주의적이어서 모험이나 도전 대신 현실과 타협을 즐긴다. 이러다 보니 이미 채워진 골마저 빠져나가 골 빈 공간이 점점 늘어나고 있다. 그래서 머리를 써서 사물을 헤아리고 판단하는 작용이 부실해지고 있다.

사이버 공간에서 인간들의 인터 네트워킹(inter-networking) 증가가 골을 비우는 데 결정적 역할을 하고 있다. 사이버 공간에서 상호작용이 삶의 대부분을 차지할 정도니까? 대화를 디지털 기계와 한다. 사이버 공간에서의 상호작용, 연결은 진정한 인간관계가 아니다. 기계 매체를 통한 소통은 얼굴을 맞댄 대화와

질적으로 다르다. 인간들은 얼굴의 표정과 몸짓, 목소리 높낮이, 그리고 주변 상황 등 많은 변수를 고려하며 대화를 한다. 하지만 기계를 통한 소통은 이런 소중한 아우라(Aura)가 없다. 소통은 가능하지만 정(情)적이지 않고 기계적이고 사무적이어서 대화의 본질을 읽어내지 못한다.

내비게이션이 보편화됐다. 그렇지 않으면 어디도 찾아갈 수 없을 정도다. 심지어 사무실과 집 가는 길도 내비게이션에 의존한다. 지식도 포털 업체를 이용한다. 검색창에 알고 싶은 단어를 치면 헤아릴 수 없는 정보, 지식이 나온다. 적당한 것 골라잡으면 그만이다. 정보와 지식이 농축 발효된 책을 찾아보거나 전문가에게 묻는 일은 골동품이 되어 가고 있다. TV는 이젠 집안 점령군이 되어버렸다. 알량한 정보를 제공하는 대신 이성과 감정 모두를 점령했다. 굴욕감 없이 TV를 삶의 일부로 받아들이고 있다. 스마트폰이 늘 손에 쥐여 있다. 아니 내 몸의 일부다. 소통은 물론 정보검색, 놀이, 사진, 음악, 쇼핑 등 못하는 것이 없을 정도다. 이른바 만능 기계다. 도깨비방망이라 하면 틀린 표현일까? 감히 손바닥 크기의 스마트폰이 뼛속의 골을 대신하고 있다 해도 지나친 말이 아니다. 그러니 있는 골이 사용되지 않는다. 고인물이 썩듯 골도 병든다. 이른바 노모포비아(no-mophobia) 증후군, 스마트폰 등 휴대전화가 없을 때 초조해하거나 불안감을 느끼는 증상을 일컫는다. '노 모바일폰 포비아(No mobile-phone phobia)'의 줄임말이다. 이른바 휴대전화 중독이나 금단현상이다.

가히 모든 분야가 디지털화됐다. 문명이기를 만들어내는 극소수 인간들 두뇌는 명석해진다. 반면 이를 이용하는 무수한 인간들 두뇌는 우둔해진다. 골이 비어 그냥 문명 이기의 노예가 되어가고 있다. 물론 문명 이기의 유해 여부에 대해서는 아직 판단정지[epoche]의 구석이 있지만 말이다.

현대인들은 생각에 몰두하지 않는다. 골치 아파 뇌를 쓰고 싶지 않다는 얘기다. 아니 누가 또는 사회가 대신 결정하고 선택하고 생각해 주길 바란다. 인간은 골 비게 살고 싶고, 사회는 사람들의 골을 비우는 데 서슴지 않는다. 선택과 결정에서 벗어나 두뇌를 쓰지 않으면 일순간 편리하다. 그러나 두뇌, 골수를 좀 먹는 독소가 알게 모르게 침입한다. 불행히도 인간은 편리함에 취(醉)해 이 독소가 자라고 있음을 느끼지 못한다. 결정 장애자가 증가한다. 이젠 심각한 사회 병리현상이 됐다. 자고로 '쉽게 얻는 것은 쉽게 잃는다.'라고 했다.

이제 '호모 사피엔스(Homo Sapiens)'가 '호모 포노 사피엔스(Homo Phono Sapiens)'에게 자리를 내어주고 있다. '스마트폰을 사용하는 인류 또는 스마트폰 없이 생각하고 살아가는 걸 힘들어하는 인류'가 '지혜로운 인류'를 대신하고 있다. 이른바 '스마트폰 사회'가 도래했다. 스마트폰은 일정 부분 삶의 질과 양을 풍부하게 한 것은 맞다. 사회가 '스마트'해지면 인간도 '스마트'해질까? 사람들의 두뇌도 똑똑해지고 현명해지는가? 'Smart(스마트)'는 형용사로 '현명한, 머리가 좋은' 등의 뜻이다. 동사로 쓰면 '쿡쿡 쑤시다', '욱신욱신 아프다'란 의미다. 스마트폰을 너무 사용하거나 잘못 사용하면 손과 목 등이 쿡쿡 쑤시고 아프다. 두 뇌도 고통을 받아 골이 빈다.

　더는 디지털 문명의 노예가 될 수 없다. 여기서 멈추지 않으면 많은 것을 잃고 그냥 간다. 이제 상실한 골을 되찾아야 한다. 방법은 기계에서 잠시라도 벗어나자. 디지털이 아닌 아날로그가 되어 보자. 그럼 상실하고 챙기지 못한 것들이 잡힌다.

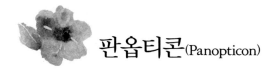

판옵티콘(Panopticon)

우리 사생활은 얼마나 보호받을 수 있을까? 내가 다른 사람들이 모르게 할 수 있는 행동이 얼마나 될까? 남의 시선에서 완전히 벗어나는 행동 말이다. 단도직입적으로 말하지만 그런 행동이 별로 없다. 촘촘한 사회구조의 틀에 얽혀 대부분 행동이 드러나기 때문이다. 마치 독수리가 먹이를 찾기 위해 공중에서 드넓은 황야를 훤히 내려다보듯 무엇인가가 우리 일거수일투족을 감시하고 있다. 무엇하나 마음대로 할 수 없는 세상이다. 범죄나 규율, 관습의 사소한 위반이 아니라도 나만의 비밀, 타인에게 보이고 싶지 않은 행동을 하기가 어려운 현실임을 부정할 수 없다. '누가, 언제, 어디서, 무엇을, 어떻게, 왜'가 모두 드러난다. 무엇이든 감출 수가 없다.

'판옵티콘(Panopticon)'이라는 말이 있다. 1791년 영국 법학자이자 철학자인 제러미 벤담(Jeremy Bentham)이 설계한 원형감옥 건축양식이다. 그리스어로 '모두'를 뜻하는 'Pan'과 '보다'를 뜻하는 'Opticon'이 합성된 글자다. 글자대로 보면 '전부 다 보다'는 뜻이다. 왜 원형감옥을 고안했을까? 감옥은 24시간 죄수의 일거수일투족을 감시해야 하는 폐쇄공간이다. 죄수들을 가장 효과적으로 감시할 수 있는 방법을 찾다 원형감옥이 고안됐다. '최소 비용에 최대 감시 효과'를 노린 장치다. 공리주의에 입각해 고안됐지만 실현되지 않았다. 하지만 시사하는 바가 자못 크다.

'판옵티콘' 구조는 특이하다. 중앙을 비운 채 원형으로 감방을 만들었다. 원형 건물 가운데 감방보다 높은 원통형 감시탑이 설치됐다. 감시탑은 불투명한 유리로 만들어졌다. 낮이고 밤이고 감방, 감시탑 밖에서는 절대 안이 들여다보이지 않는다. 죄수들이 감시탑에 감시자가 있는지 없는지 알 수 없다.

'판옵티콘'에는 감시자를 두지 않는다. 모든 죄수가 '판옵티콘'에는 감시자가 있어 24시간 자신들을 감시한다고 확신하기 때문이다. 그러니까 감시자가 '사람'이 아닌 '판옵티콘 건물' 자체인 셈이다. 죄수들은 감옥의 규율을 철저히 지킨다. 규율준수가 몸에 밴다. 그 후로는 스스로 자신을 감시하게 된다. 따지고 보면 시선의 불평등을 낳는 불합리한 구조다. 감시자는 죄수를 볼 수 있는 반면, 죄수는 감시자를 절대 볼 수 없기 때문이다. 하지만 이런 불평등에도 죄수들은 할 말이 없다. 어차피 죄수와 감시자는 불평등의 관계가 성립되니까.

사회 도처에 감시자, '판옵티콘'이 도사리고 있다. 출근하면 먼저 만나는 '판옵티콘'이 엘리베이터다. 그곳에 폐쇄회로가 대기하고 있다. 집을 나서면 도로, 버스, 지하철, 건물 내·외부 등 곳곳에 부지불식간에 찍어대는 감시망이 있다. 자동현금인출기에 남이 놓고 간 돈 등 물건을 가지고 가면 절도다. 다른 차의 블랙박스가 내 차를 마구 찍어댄다. 흔적이 곳곳에 고스란히 남는다. 하루 종일 감시당하고 있는 셈이다. 뭣 하나 부끄러운 짓을 할 수 없다. 사생활이 그대로 노출된다. 어찌 보면 인권침해다.

여하튼 '판옵티콘'은 이뿐만이 아니다. 신용카드도 있다. 어디서 물건을 샀고, 어느 정류장에서 버스를 타고 내렸는지 기록이 남는다. 컴퓨터도 마찬가지다. 사법기관에서 압수 수색하면 가장 먼저 챙기는 것이 컴퓨터다. 기록을 지워도 복구된다. 꼭꼭 숨겨둔 컴퓨터 기록도 해커들에겐 속수무책이다. 인터넷 검색기록을 통해 구매 양상 등을 속속들이 파악할 수 있다. 늘 손에 붙어있는 스마트폰은 가장 막강한 '판옵티콘'이다. 자동차가 고장 나면 견인차가 5분 이내로 도착한다. 내가 숨어 있어도 스마트폰을 지니고 있으면 장소가 금방 탄로 난다. 영상통화는 공간을 이동시킨다. '판옵티콘'이 죄수를 감시하듯 '인공위성'이 우리를 감시하고 있기 때문이다. 인공위성에서 보내는 신호를 위성항법장치(GPS)가 수신해 위치를 추적한다. '꼼짝 마라'다. 이른바 '정보기술 판옵티콘'이다.

이처럼 현대사회는 정보기술이 사람들을 감시하고 통제한다. 지식에 근거한 권력은 정보기술을 독점한다. 지식과 권력 그리고 정보기술은 삼위일체다. 삼위일체에서 벗어난 사람들은 그저 당할 수밖에 없다. 우리 모두는 '정보기술 판옵티콘'의 손 안에 들어있다. 군사작전상 정말 포위됐다. 건물 자체가 다수 죄수들을 감시하는 것처럼 소수 권력자가 정보기술을 이용해 우리 모두를 감시한다. 우리는 모두 원형감옥에 수감된 죄수다. 분명

내가 설치하지 않은 위치추적기가 내 머릿속에 들어있다. 더욱이 알고 있으면서도 위치추적기를 제거할 수 없는 현실이 안타깝다.

하지만 죽으라는 법은 없다. 오히려 정보기술을 독점한 소수 권력자를 감시할 수 있다. '시놉티콘(Synopticon)'이다. '시놉티콘'을 처음 언급한 사람은 노르웨이 범죄학자 토마스 매티슨(Thomas Methiesen)이다. '시놉티콘'의 탄생에는 언론이 한몫 했다. 언론은 다수에게 정보를 제공하고, 사회비리를 고발하고, 권력을 견제하고, 권력자를 감시한다. 여론을 조성하고 사회적 현실을 분석하고 비판한다. 언론은 공개적이다. 다수는 언론을 통해 의견을 교환한다.

특히 소셜미디어 등 사이버 공간에서 뭉쳐 예상치 못한 힘을 발휘한다. 댓글 하나로 사람을 죽이고 살린다. 개인 신상에 문제가 생기면 악플러(惡pler)들이 꿀통에 벌이 날아드는 듯 집중 포화한다. 주먹크기 만한 눈뭉치를 정상에서 굴리면 아래는 눈사태가 나기 십상이다. 사이버 공간은 소수를 감시할 수 있는 무한한 장(場)이다. 사이버 공간은 익명성이 보장된다. 댓글에 대한 책임여부는 나중 일이다. 일단 질러놓고 반응을 본다. 댓글이 진실보다 감정과 보복, 화풀이에 의거하기도 해 당사자들이 곤욕을 치르기도 한다.

문제는 언론이 제 역할을 하느냐이다. 언론은 제4의 권력이다. 권력은 권력끼리 친화력이 강하다. 언론이 또 다른 권력에 시녀가 되고 있다는 점이다. 무한경쟁 속에서 언론이 생존하기 위해

선 정도를 걸을 수 없는 상황은 감출 수 없는 사실이다. 현대 언론 특징이 바로 죽을 것 같으면서도 죽지 않는다는 점이다.

결국 '시놉티콘'은 제 역할을 하지 못하고 있다. 이래저래 권력에서 밀려난 다수인들은 모든 것을 감시당하며 살고 있다. 머릿속 위치추적기는 저승 갈 때까지 지녀야 할 듯하다.

주머니 속 송곳

　내 주머니 속에 송곳이 있다. 송곳은 뾰족하기 때문에 몸을 이곳저곳 찌르기도 하고 옷 밖으로 삐져나오기도 한다. 송곳을 주머니에 넣은 내가 아닌 송곳이 그렇게 했다. 내가 주머니에 송곳이 있음을 드러낸 것이 아니고 송곳이 스스로 드러난 셈이다.

　중국 전국시대 말기, 조(趙)나라는 진(秦)나라 침략으로 백척간두에 섰다. 물에 빠져 지푸라기라도 잡으려는 심정에 조는 이웃 초(楚)나라에 구원병을 청해야만 했다. 재상 평원군이 총대를 멨다. 식객(食客) 중 20명을 골라 함께 가기로 했다. 한 명이 부족했다. 이때 '모수(毛遂)'라는 식객이 동행을 간곡히 청했다. 처음 보는 식객이 나서자 평원군은 일단 재능을 확인하기로 했다.

　"내 식객이 된 지 얼마나 됐소."
　"3년입니다."
　"주머니 속 송곳은 그 끝이 밖으로 나타나듯 당신이 인물이면 스스로 드러나는 법이오. 그대는 내 집서 3년이나 있었지만 당신에 대해 들은 적이 없소. 남다른 재주가 없다는 뜻이니 동행은 아니 되오."
　"저를 일찍 주머니에 넣어 주셨다면 송곳이 주머니를 뚫고 나와 그 끝뿐만 아니라 자루까지 드러났을 것입니다."

예사롭지 않은 언행에 느낀 바 있던 평원군은 모수를 택했다. 초왕과의 회담에서 모수는 세 치에 불과한 혀로 나라를 구하는 큰일을 했다. 한 치도 진전 없이 경색된 국면을 풀고 동맹을 이끌어내는 데 주효(奏效)했던 것은 모수의 한마디였다.

"대왕, 수만 명의 초나라 군사보다 제 칼이 대왕에 더 가까이 있습니다."

이를 듣고 있던 초왕은 즉시 조나라와 동맹을 맺고 구원병을 파견했다.

이 일화에서 '낭중지추(囊中之錐)'가 유래됐다. '주머니 낭(囊), 송곳 추(錐)' 주머니에 들어 있는 송곳은 아무리 감추어도 끝이 뾰족해 밖으로 튀어나오듯, '뛰어난 사람은 많은 사람 가운데 섞여 있어도 두각을 드러내기 마련'이라는 뜻이다. 군계일학(群鷄一鶴)이다.

"벽오동(碧梧桐) 심은 뜻은 봉황(鳳凰)을 보려 터니, 내심은 탓인지 기다려도 아니 오고, 밤중에 일편명월만 빈 가지에 걸렸어라."

벽오동을 심은 뜻은 분명 봉황을 보려 함이었다. 대신 가지에 걸린 조각달만 보았다는 얘기다. 봉황은 죽순이나 대나무 열매가 아니면 먹지 않고, 아침 이슬이 아니면 마시지 않고, 오동나무 가지가 아니면 앉지 않는 고상함의 본색이다. 봉황은 걸출하고 고귀한 인재를 일컫는다. 이런 봉황은 오지 않고 조각달, 잡새가 날아들었다. 시끄럽게 울어대고 똥도 마구 싸댄다. 적반하장, 스스로 봉황이라고 우긴다.

개밥 속에 있는 도토리가 '주머니 속 송곳'인양 설친다. 개는 밥그릇 안의 도토리를 절대 먹지 않는다. 도토리만 남는다. 도토리는 어떤 축에도 끼지 못하는 일종의 왕따다. 이 왕따 도토리들이 자주 키 재기를 한다. 도토리가 크기 차이가 있어봐야 얼마나 있겠는가? 더 뛰어나다며 우열을 가리려고 서로 다툰다.

'주머니 속 송곳'으로 위장하고 조작해 나서는 군상(群像)이 '개밥 속에서 키 재기하는 도토리'와 벽오동에 날아든 잡새와 무엇이 다르겠는가? 자신만이 최적이고 만인지상이라며 스스로 나서는 인간들이다. 롤 모델(Role Model)을 자처한다. '주머니 속 송곳'으로 말이다.

송곳은 구멍을 내는 도구다. 구멍이 뚫리면 흐름이 생긴다. 바로 소통이다. 송곳은 소통을 이끌어내는 비유물인 셈이다. '주머니 속 송곳'이 스스로 드러나듯 걸출(傑出)도 언제 어디서라도 드러나 큰일을 한다. 모수는 주머니 속에서 송곳처럼 스스로 드러남에 손색이 없었다. 경색된 국면을 소통시켜 큰일을 했다.

모수는 스스로 추천했다. '모수자천(毛遂自薦)'이란 고사성어를 탄생시켰다. 어찌 보면 스스로 잘 낫다고 나선 셈이다. 아니다. 모수는 평소 실력을 갈고닦아 때를 기다렸다. 마침내 때가 왔고 평원군이 그때를 챙겨주었다. 스스로 추천한 것이 가상(嘉尙)해 평원군이 모수를 택한 것이 아니라는 점이다. 강상(姜尙: 강태공)이 할 일이 없어 낚시하지 않았다. 한 마리도 잡지 못하면서 말이다. 때를 기다렸던 낚시였다. 주 제후국 문왕의 스승이 되었고 무왕을 도와 상나라를 멸망시키고 주나라 건국에 공헌했다. 제갈량 역시 큰일을 위해 멋대로 나서지 않았다. 실력부터 쌓았다. 그리고 때를 기다렸다. 삼고초려(三顧草廬)가 그 증거다. '와룡(臥龍: 앞으로 큰일을 할 사람을 비유)'이라 부른 이유가 여기에 있다. 삼국시대 방통(龐統)도 봉황의 새끼, 봉추(鳳雛: 세상에 드러나지 않은 훌륭한 인재)라 불렸다. 스스로 '잘 났다'며 드러내지 않았다. 그 역시 때를 기다렸다. 현명한 군주는 인재를 알아보는 법, 모두 유비에게 발탁되어 각각 정치가와 모사(謀士)가 되었다. 인재는 스스로 나서지 않는다. 인재를 구하는 국가나 사람들의 눈에 띄는 것이다.

잡새와 도토리들아, 함부로 나서지 마라. 벽오동은 잡새를, 개는 도토리를 싫어한다.

보이지 않는 사람

　나는 보이지 않는 사람이다. 그렇다고 유령이란 말은 아니다. 뼈와 살이, 섬유질과 체액이 있는 실체 인간이다. 물론 정신도 있다. 내가 보이지 않는 이유는 사람들이 나를 보려 하지 않는 데 있다. (중략) 사람들은 내 주변이나 혹은 자신들의 상상 속에서 조작한 허구(虛構)만을 본다. 사람들은 모든 것을 빠짐없이 다 보면서도 정작 나의 진정한 모습은 보지 않는다.

　1952년 미국 랄프 엘리슨(Ralph Ellison)의 장편소설『보이지 않는 사람(Invisible Man)』에 나오는 내용이다.

　'보이지 않는 사람'은 실제 눈으로 볼 수 없는 이른바 '투명인간'이 아니다. '보이지 않는 사람'은 조직 구성원으로서 역할을 제대로 못하거나 역할이 없음을 의미한다. 대체적으로 이들에게 어떤 판단이나 평가가 허락되거나 요구되지 않는다. 설령 판단이 그릇되어도 문제시하지 않는다. 실체지만 존재 가치가 없다. 한마디로 있으나마나 한 사람이라 할까?

　'보이지 않는 사람'은 문틈으로 본 달리는 말과 같다. 말을 본 사람은 말 크기나 종류, 소유자나 질주 이유 등을 정확히 알지 못한다. 그저 말이 지나간 사실 이외 다른 어떤 것도 알 수 없고 알려고도 하지 않는다. 이처럼 사람들은 '보이지 않는 사람'이 누구인지, 왜 여기 있는지, 무엇을 하는지 등을 알지 못하고 알려 하지 않는다. 단지 사람이라는 것만 알뿐이다. '보이지 않는 사람'은 한편으로 밀려난 비주류다.

분명 실체가 있는데 보이지 않는 이유는 무얼까?

첫째, 권력 구조 때문이다. 권력은 어떤 사람이나 집단이 상대방이나 다른 집단에 대해 영향력을 미칠 수 있는 잠재적 능력이다. 다른 사람을 복종시킬 수 있고 지배할 수 있는 권리나 힘이다. 이 같은 권력 불평등이 차별적 인간관계나 사회구조를 만든다. 위와 아래로 서열화한다. 대체로 '위'는 보는 주체이며, '아래'는 보이는 객체이다. 보는 주체가 객체를 볼 수도 있고 보지 않을 수도 있다. 주체가 보지 않는 객체는 '보이지 않는 사람'이 될 가능성이 높다.

권력 구조에서 '보이지 않는 사람'이 유독 많은 것은 권력 위임 때문이다. 불특정 다수 시민은 합법적으로 권력을 정치인에게 위임한다. 문제는 정치인들이 위임받은 권력을 사유화하는데 있다. 그들은 권력의 원천을 그들 자신에서 찾는다. 그들은 국가, 집단, 이기(利己)를 우선시한다. 정치권력 행사가 정당이익이나 사익(私

益), 정치구조 등에 준거한다. 권력을 위임해준 사회 단위(시민)들을 관심두지 않거나 방관한다. 시민들은 먼지로 전락하고 보이지 않는 존재가 된다.

둘째, 재력 구조 때문이다. 재력이 부족한 사람은 '보이지 않는 사람'이다. 사람들은 삶의 유지와 욕구 충족을 위한 수단으로 직업을 갖는다. 일자리를 얻은 사람은 일자리를 준 사람에게 경제적으로 종속된다. 고용인과 피고용인이란 경제구조를 형성한다. 고용인은 성과만을 본다. 고용인은 피고용인을 재화를 창출해주는 전체의 구성단위로 본다. 단위는 한낱 부속품에 지나지 않는다. 재화는 보여도 구성단위는 보이지 않는다. 특히 재화의 불평등은 갑을관계를 형성한다. '있는 자'는 '갑'이고, '없는 자'는 '을'이다. 재력소유 유무의 논리는 '없는 자'들에게 상대적 박탈감을 유발한다. 이 박탈감은 '보이지 않는 사람'을 만든다.

셋째, 무심한 관계 때문이다. '소 닭 보듯, 닭 소 보듯'이란 속담이 가장 적합한 비유다. 서로 무관심하게 보는 모양을 이르는 말이다. 소와 닭은 서로 어떤 짓을 해도 상대방에 관심이 없다. 이런 무관심이 '보이지 않는 사람'을 만든다. 소와 닭의 관계는 평등하지도 불평등하지도 않다. 권력구조가 발생하지 않는다. 모두가 보이지 않는 사람이다.

이해관심, 희생정신, 배려 등으로 엮어진 사회구조가 갈수록 무관심해지고 있다. 사회적 관계(Social relationship)가 무관심의 관계로 전락되고 있다. 서로 반응을 보이지 않는다. 주체적 행동이나 간섭, 관여도 하지 않는다. 길가에서 어떤 사람이 무차별 폭행을 당해도 그저 보고만 있거나 지나쳐 버린다. 자신과 어떤 관계도 없으니 끼고 싶지 않아서다. 폭행 당사자나 폭행을 보는 사람이나 서로 관심이 없다. 모두 '의도성이 없는 보이지 않는 사람'이다. 수수방관, '나 몰라라 세상'이다.

마지막으로 사회 부적응 때문이다. 사회 분화 정도에 따라 사람들은 다양한 집단에 소속된다. 각 집단이 부여한 지위에 따라 이질적인 역할을 해야만 한다. 모든 집단에서 성공적이지 못하다. 집단 중심이 아닌 주변에 자리하면서 불완전한 지위나 역할을 갖는다. 다양한 집단 가치를 내면화하는데 어려움을 겪는다. 집단생활이 불안정하다. 상대적으로 확고한 자리를 차지한 사람들로부터 멀어지며 배척된다. 정상 궤도를 이탈한다. 궤도진입을 위한 인력(引力)이 작용하지 않는다. 궤도 진입이 무척 어렵다. 자발적 '보이지 않는 사람'이 된다. 이를 경계인(marginal man)이라 한다. 사회 부적응으로 인한 '보이지 않는 사람'은 자칫 왕따로 이어진다. 한번 왕따가 되면 헤어나기 힘들다. 아예 상대방이 보지 않으려 하는 데다 스스로도 보이지 않으려 하기 때문이다. 늘 주변을 맴돈다. 아웃사이더(outsider)다.

권력 관계에 의한 '보이지 않는 사람'은 권력을 획득하면 '보이는 사람'이 된다. 돈 때문에 보이지 않는 사람은 돈을 벌면 된다. 그나마 다행이다. 무심한 관계나 사회 부적응에 의한 '보이지 않는 사람'은 해결 방법이 없다.

'보이지 않는 사람'이 갈수록 늘고 있다. 권력이 없어서, 돈이 없어서, 주류 인종이 아니라서, 피지배자여서, 노동자여서 등등 이유도 많다. 아니, 그냥 사회가 싫어서인 이유도 있다. 분명 사회 구성원이지만 주류에서 벗어나 정체성을 잃는다. 자기 목소리를 내지 못하고 낼 수도 없다. '보이지 않는 사람'은 보이지 않는 상태가 장기간 지속되면 우울증에 걸린다. 사회를 일탈하는 경향도 있다. 보이지 않는 사람이 많을수록 그 사회는 자살, 묻지 마 폭행 등 극단적 병리현상을 겪는다. 사회는 느슨해지고 부실해져 언제 붕괴될지 모른다.

## 제2장

세상을 찾아서

 # 시간 위에서

'세월 앞에 장사 없다.' 어떤 장사(壯士)라도 세월을 이길 수 없다는 속담이다. 아무리 건강하고 힘이 센 사람이라도 시간이 흘러 나이가 들면 기력이 떨어지고 병들어 하고 싶은 것을 하지 못한다는 말이다. 흐르는 세월을 어떤 수단과 방법으로도 거스를 수 없다.

왜 하필 세월 앞에 '장사'가 없다고 했는가? 장사가 뭔 사연이 있어 세월 앞에서 버티려다 쪽박을 찼는가? 제 분수도 모른 채 앞발을 들고 수레 앞에 당당히 버티고 서서 수레바퀴를 멈추려 했던 사마귀[螳螂拒轍: 당랑거철] 꼴이 됐는가?

고대 북유럽 게르만족들은 무시무시한 신들을 섬겼다. 최고의 신은 '오딘(Audin)'이다. 넘버 투(number two)는 그의 아들 '토르(Tor)'다. '천둥의 신', '농업의 신'이다. 늘 그의 손에는 던지기만 하면 반드시 적, 거인 족을 쓰러뜨리는 쇠망치가 들려있다. 쇠장갑을 끼고 있으며 매기만 하면 힘이 솟는 허리띠를 차고 있다. 그는 540개 방을 갖춘 '비루스크닐(번개의 뜻)'이라는 집에서 산다. 대식가에 술고래인 토르는 다소 지혜가 모자란 듯 우스꽝스럽게 생겼다.

토르는 어느 날, 하인들과 함께 거인왕국을 여행했다. 우여곡

절 끝에 왕국 격자 정문을 막 통과했다. 그들을 기다리던 '로키(Loki)'가 퉁명스럽게 말했다. 로키는 거인족 출신이지만 신의 흉내를 내고 다니는 이른바 말썽꾸러기 신이다.

"내가 제시한 것들과 시합에서 이기지 못하면 손님으로 맞아들일 수 없다."

토르 하인들이 토르 대신 거인들과 시합을 벌였으나 모조리 졌다. 자존심이 몹시 상한 토르는 직접 나설 수밖에 없었다. 먼저 술 마시기 시합을 하자고 했다. 로키는 흔쾌히 동의하며 토르에게 술잔을 건네주며 말했다.

"이 잔을 원 샷(One shot) 하면 정말 대단하다. 두 번 나눠 마셔도 좋다. 참고로 이 성 안에는 세 번 나눠 못 마시는 자가 없다."

허기에 지쳤던 토르는 자신 있게 술잔을 들었으나 술잔을 비우는데 실패했다. 이 술잔은 바다와 연결되어 있었기 때문이었다. 로키는 고양이 들기를 두 번째 시합으로 내 걸었다. 어이가 없었으나 토르는 고양이 다리 한쪽만 든 것으로 만족하고 이번 역시 졌다. 이 고양이는 세계를 감싼 뱀이었다. 자존심을 구길 대로 구긴 토르는 오기가 발동했다. 그냥 물러날 수 없었다.

"누구든 나와 씨름으로 승부를 가리자!"

로키도 맞섰다.

"흥분하지 마라. 내 양어머니 엘리와 맞붙어보는 것은 어떠냐? 엘리는 노파지만 성채 무사들을 몇 명이나 물리쳤기 때문에 너와 상대가 될 것이다."

노파와 씨름을 하다니 토르는 참으로 황당했다. 천부당만부당이었다. 엘리를 넘어뜨리기 위해 온갖 방법을 썼지만 모두 허사였다. 차라리 바위와 씨름하는 게 더 나았다.

결과는 비참했다. 가진 것이라곤 힘밖에 없는 토르가 세 번 모두 졌다. 한쪽 무릎을 크게 다치기도 했다. 참패의 이유는 뭘까? 시합 상대자인 엘리는 할머니로 변신한 '세월의 신'이었기 때문이다. 그러니 토르인들 당해낼 수 있겠는가? 여기서 '세월 앞에 장사 없다'가 유래되었지 않았을까?

고려 충선왕이 숙창원비(부왕, 충렬왕의 후궁)를 간음하자 대궐로 들어가 흰옷 차림에 도끼를 들고 거적자리에 앉아 거리낌 없이 간언하는 소(疏)를 올렸던(持斧上疏: 받아들이지 않으려면 도끼로 목을 쳐 달라) 역동 우탁(禹倬). '탄로가(歎老歌)'를 지어 막을 길 없는 세월을 노래했다.

한 손에 막대 잡고 또 다른 한 손에 가시 쥐고 늙는 길 가시로 막고 오는 백발 막대로 치려했더니 백발이 제 먼저 알고 지름길로 오더라.

-『청구영언』, 김천택

감히 흘러가는 세월을 누가 잡아 멈추게 할 수 있겠는가? 세월은 볼 수도 없고, 만질 수도 없고, 단지 느낄 수밖에 없다. 세월과 씨름 자체가 무의미하다. 하지만 우리 인생은 세월과 끊임없는 단판씨름이다. 무모한 도전이라 할지라도 말이다.

세월은 항상 현재 진행형이다. '흘러가는 시간'이기 때문이다. 원래 시간은 실재하는 것이 아니다. 인간들이 만든 지적 상상물에 지나지 않는다. 그러므로 '시간'은 관념이다. 그저 정신적으로 느낄 뿐이다. 시간관념은 언제, 어떻게 탄생했을까?

고대 그리스인들은 시간을 크로노스(Chronos)와 카이로스(Kairos)로 나눴다. 전자는 단순히 흘러가는 시간이요, 연속적인 흐름의 절대적 세월을 뜻한다. 후자는 기회의 순간이요, 상대적 시간이다. 원래 크로노스와 카이로스는 신의 이름이다. 크로노스는 우라노스와 가이아에서 태어났다. 카이로스는 크로노스의 아들인 제우스의 아들로 기회의 신이다. 대부분 신들이 인간과 비슷하게 생겼지만 카이로스는 여러모로 특이하다. 저울과 낫을 들고, 날개가 있고, 앞머리는 털이 있으나 뒤는 없다. 저울은 정확한 판단을, 낫은 결단성을 의미한다. 머리털과 날개는 기회를 잡도록 한 일종의 배려다. 기회 포착은 정확한 판단과 결단성을 요구한다. 앞에서 머리채를 잡지 못하면 뒷머리엔 털이 없어 잡을 수 없다. 그냥 달아나 하늘로 날아가 버린다. "자! 기회가 왔다. 지금 바로 떠날 때다. 서두르자!" 이때가 바로 카이로스 시간이다.

카이로스 시간을 잡아야 한다며 완고한 대신들을 설득한 장수가 있다. 중국 삼국시대 지략이 뛰어난 제갈량의 후계자 강유(姜維)다. 그는 위(魏)의 북벌 때 기다려보자는 촉(蜀) 조정 대신들의 반대에 부딪히자 장자의 말을 인용해 7개 글자로 대신들을 설득했다.

인생이란 마치 흰 망아지가 달려가는 것을 문틈으로 보는 것과 같다[人生如白駒過隙]

당시 사마소(司馬昭)는 다시 위나라 정권을 잡고 군사력을 키우고 있었다. 기다리는 만큼 위 군사력이 커져 북벌은 요원해진다는 것이 강유의 주장이었다. 시간을 낭비할 여유가 없었다는 얘기다. 결국 북벌이 실행됐다. 카이로스를 놓치지 않았던 것이다.

카이로스를 대변하는 사자성어가 있다. 초로인생(草露人生)이다. 인생은 이슬이 맺혀 있는 시간과 같음을 수사적으로 은유한 표현이다. 이슬은 공기 중에 있는 수증기가 풀잎과 맞닿으면서 만들어진 물방울이다. 이슬은 해가 뜨면 다시 수증기로 돌아가거나 풀잎에서 이탈되어 이슬의 생명을 잃는다. 맺혔는가 하면 이내 사라진 것이 바로 이슬이다.

세월은 그저 길고 짧음이 아닌 선택과 포착이어야 한다. 우리 옆에 지금 기회의 신 카이로스가 달리고 있다. 우리를 앞서기 전에 카이로스의 머리채를 낚아채는 사람만이 꿈을 이룬다. 세월과 한바탕 싸움이 인생이다.

와이로? 와이료!

어느 날, 고려 임금이 백성이 편안하게 사는 가를 직접 확인하기 위해 남루한 옷을 입고 길을 나섰다. 이른바 미복잠행(微服潛行), 미행이었다. 해가 기울어 어둑할 무렵 어느 초가에 이르렀다. 풍전등화의 초롱불 아래 초라한 옷차림을 한 선비가 글을 읽고 있었다. 임금은 배가 헛헛하고 고단했던지라 염치불고 독서삼매경을 비집고 들어갔다. 급한 대로 요기할 음식과 잠자리를 청했다.

"과객인데, 하룻밤 자고 갈 수 있겠습니까? 요기라도 할 것이 있으면 더욱 좋고요."

이 선비는 냉수 한 사발 떠다 준 뒤 아래 마을을 턱으로 가리키며 말했다.

"내 집은 먹을 것도 없고 잘 만한 곳도 못됩니다. 저기 아래 마을에 주막이 있으니 거기서 먹고 묵고 가시오."

물론 선비는 이 과객이 임금인 줄 전혀 눈치 채지 못했다. 하

는 수 없이 임금은 돌아서려는데 허름한 편액이 눈에 번쩍 띄었다. '유아무와 인생지한(有我無蛙 人生之恨)'

글 하면 누구보다 자신 있던 그 임금은 한참을 생각해도 도대체 그 의미를 알 수 없었다. 임금은 선비에게 물었다.

"여보시오. 저기 걸린 편액의 글자 뜻이 무엇이오?"

시큰둥하게 선비는 답변을 했다.

"'개구리가 없어 인생의 한 이로구나'라는 뜻으로, 지금 저의 처지를 빗댄 글입니다. 개구리가 없어 과거 시험에 떨어졌다는 말입니다. 과객 어른."

임금은 처음에는 무슨 말인 줄 몰랐지만 이내 알아차렸다. 순간 중국 우화이자 왕미행설화(王微行說話)에 나오는 '무와지탄(無蛙之歎) 이야기'가 뇌리를 스쳤다. 그 이야기는 이렇다.

어느 날, 꾀꼬리와 까마귀가 노래 시합을 했다. 심판은 두루미였다. 꾀꼬리는 조류계의 명가수였지만 그래도 달걀을 먹어가며 목청을 가다듬고 연습을 게을리 하지 않았다. 반면 음치로 알려진 까마귀는 노래 연습은커녕 논밭을 다니며 개구리만 열심히 잡고 있었다. 여하튼 드디어 결전의 날이 밝았다. 꾀꼬리는 산천을 감동시킬 정도로 노래를 불렀다. 까마귀는 음정과 박자 등 모두 엉망이었다. 그저 '꺼억 까악' 하는 소리만 냈을 뿐 노래라 할 수 없었다. 그러나 이게 웬일인가? 심판 두루미의 판정이 완전히 예상 밖이었다. 우승이 까마귀에게 돌아간 것이었다. 심판 판정을 준수한다는 약속 때문에 꾀꼬리는 항의를 할 수 없었다. 도대체 어찌 된 일일까. 까마귀가 심판 두루미에게 뇌물로 정성껏 바친 개구리 때문이었다. 두루미 먹이로 개구리는 최고였다.

임금은 "앞으로 한 달 뒤 특별 과거시험이 있다고 합니다. 꼭 응시하세요."라고 말한 뒤 주막으로 향했다. 선비는 이제 마지막이라 생각하고 과거시험에 응했다. 아니, 이럴 수가! 선비는 놀라 입을 다물 수 없었다. 과제(科題)가 다름 아닌 자신의 편액에 쓰인 '유아무와 인생지한'이었다. 답 쓰기가 누워서 떡먹기였다. 급제는 불문가지. 선비는 임금으로부터 홍패(紅牌)와 어사화(御賜花)를 하사 받을 때 또 한 번 깜짝 놀랐다. 자세히 보니 지난번 냉수 한 사발 주며 대화를 나눴던 과객이 바로 임금이었던 것이다. 그 후 이 선비는 임금과 나라에 충성을 다했고, 임금은 과거제도 쇄신에 주력했다.

임금은 바로 고려 19대 왕 명종이다. 선비는 백성의 입장에서 사회상을 진실하게 담은 시문집 『동국이상국집』의 저자 백운거사 이규보(李奎報)로 알려진다. 당시는 최 씨 무신정권[1170~1270년]이어서 문인들이 제대로 행세를 하지 못했다. 과거에 급제한 이규보는 최 씨 무신정권의 기틀을 세운 최충헌에 발탁되어 고려

최씨 무신정권의 마지막 집권자인 최의에 이르기까지 정치적 전성기를 누렸다.

까마귀가 심판 두루미에게 뇌물로 개구리를 줘 음치임에도 우승을 했다. 반면 이규보는 가난하고 강직해 조정의 고시관에게 줄 뇌물, '먹이 이(餌)'로 줄 '개구리 와(蛙)'가 없었다. 있다 해도 이처럼 부정을 해서 급제하고 싶지도 않았다. 그래서 실력은 있었지만 늘 낙방했다. 개구리가 인간을 웃고 울렸던 것이다. 여기서 '개구리 와(蛙), 먹이 이(餌), 요금 료(料)', '와이료(蛙餌料)'라는 말이 탄생했다.

"승진하려면 직속상관에게 와이료를 좀 써야 하는데⋯⋯."

이 '와이료'가 일본어처럼 들리고 많은 사람들이 그런 줄 알고 사용한다. 일본에서 뇌물을 주는 행위를 한자어, 회뢰(賄賂)라 쓰고 '와이로'로 발음한다. 처음부터 우리는 뇌물을 '와이료'라고 했지만 언제부턴가 −아마도 일제강점기 이후− '와이로'로 변했다. 발음이 비슷한 데다 침략을 당했으니 역사성을 지닌 '와이료'가 일본어 '와이로'로 둔갑한 것이다. 아니, 억지로 지어낸 얘기다.

뇌물은 사회를 좀 먹는 암적 존재다. 차라리 태어나지 말았어야 했다. '와이료'든, '와이로'든.

약자의 설움

'소가 뒷걸음치다 쥐를 잡는다.'는 속담이 있다. 전혀 기대하지 않았는데 행운을 얻게 된다는 뜻이다. 소는 거저 쥐를 잡았지만 쥐는 억울하기 짝이 없다. 십이지(十二支)에서 1위를 차지한 동물인데, 꼴이 말이 아니다. 왜 소는 하필 뒷걸음치다 먹지도 못하는 쥐를 잡은 것인가? 뱀, 개구리 등 소발에 밟힐 동물이 많은데도 말이다.

아주 먼 옛날 십이지 순서를 가리는 달리기 대회가 있었다. 열두 동물이 참가했다. 쥐, 소, 호랑이, 토끼, 용, 뱀, 말, 양, 원숭이, 닭, 개, 돼지가 차례로 결승선을 통과했다. 원래 소가 1위로 달리고 있었다. 그러나 이를 어쩌나! 잔머리의 지존인 쥐가 소뿔에 올라앉아 결승선이 다가오기만을 기다리고 있었다. 소가 결승선을 통과하기 직전 쥐는 힘차게 뿔에서 뛰어내려 먼저 결승선을 끊었다. 소는 2등, 쥐가 1등을 했다. 소는 억울하기 그지없었고 쥐를 밟아 죽이고 싶었다. 이래서 소는 태생적으로 쥐에게 원한을 품고 있었다.

소는 운반 수단은 물론 힘센 머슴 몇 명 몫을 하는 우직한 일꾼이다. 죽어서 먹거리까지 제공했다. 반면 쥐는 곡식을 훔쳐 먹는 도둑이고 병균을 옮기는 암적 존재다. 때문에 인간 역시 소의 원한을 풀어주는 동시에 곡식 도둑과 암적 존재를 제거하고 싶었다. 기회가 왔다. 기대하지 않는 행운을 얻었을 때 관련된 속담을 만들게 됐다. 궁리 끝에 만든 속담이 다름 아닌 '소가 뒷걸음치다 쥐를 잡다.'였다. 소에게 다소나마 보상이 된 반면 원죄를 가지고 태어난 쥐는 마땅한 죗값을 치르게 된 셈이다. 밟혀 죽어도 싸다고나 할까?

소 때문에 억울하게 희생이 된 동물이 또 있다. 양(羊)이다. 전국시대 위나라 양혜왕이 소를 몰고 가는 백성과 나눈 대화다.

"소가 눈물을 흘리고 있구나. 왜 어디로 끌고 가는고?"
"주조한 종(鍾)에 소피를 바르기 위해 제물로 끌고 갑니다. 죽음이 슬퍼 눈물을 흘리는 가 봅니다."
"너무 불쌍하니 소를 양으로 바꿔라."

거역할 수 없는 어명이었다. 그 이후 종을 주조할 때 제물로 늘 양이 쓰였다. 오죽하면 희생양(犧牲羊)이겠는가? 여하튼 양은 몹시 억울하다. 뭔 죄가 있기에 소 대신 희생을 당해야 하는가? 양이 소죽을 빼앗아 먹은 적도, 인간이나 소 등 다른 동물을 공격한 적도 없다. 더더욱 양의 피가 특별히 나은 것도 없다. 죽음을 눈앞에 두고 슬프기는 소나 양이나 마찬가지다. 여하튼 양은 재수 없게 소 대신 끌려가 죽었다. 이양역우(以羊易牛), 이양역지(以羊易之)란 고사의 유래다.

닭도 잘못 얽어걸려 약자의 슬픔을 감수하고 있다. '꿩 대신

닭.' 꿩 요리할 때 꿩이 없어 대신 닭을 사용한데서 비롯된 속담이다. 닭이 아무리 '닭대가리'라 하여도 참으로 청천벽력(靑天霹靂)이 아닐 수 없다. 왜 하필 닭인가? 항변한다. 뭔 죄가 있다고? 단지 가축이라는 이유에서일까? 꿩을 대신할 동물 역시 많다. 새도, 오리도, 소와 돼지도 있다. 여하튼 닭은 슬프다. 늘 가슴 졸이면서 살아야 하기 때문이다. 굳이 계통 분류학상 모두 닭목(目: order), 꿩과(科: family)에 속한 동물이 이유라면 그 이유다.

재수 없게 이유 없이 툭하면 맞아 죽어야 하는 동물이 있다. 개구리다. '개구리가 무심코 던진 돌에 맞아 죽는다.' 장난 삼아 한 말이나 행동이 다른 사람의 마음을 상하게 한다는 속담이다. 속담이고 뭐고 개구리는 억울하다. 두꺼비도, 맹꽁이도, 도마뱀도 있는데 왜 하필 돌에 맞아 죽는 역할을 도맡아야 하는가?

개구리는 참으로 운도 없는 동물이다. 또 한 번 남을 위해 까닭 없이 희생을 당해야만 했다. '꺽저기탕에 개구리 죽는다.' 꺽저기(쏘가리와 비슷한 민물고기, 보호대상 물고기)탕을 끓이기 위해서는 꺽저기와 양념만 필요하다. 그런데 왜 개구리가 당치도 않게 죽어야만 하는가? 꺽저기를 잡을 때 개구리가 주변에서 놀다가 재수 없게 그물에 걸려 죽기 때문이다. 꺽저기 근처에서 놀았다는 것이 불행의 이유라면 이유다. 그래서 밤낮으로 그렇게도 울어대는가?

정말 재수 없게 타락하고 불길한 상징으로 몰린 새가 있다. 까마귀다. 검은색이라는 이유 하나로 그냥 앉아서 당했다. 조선 중기 이시(李蒔)가 지은 오로가(烏鷺歌)에 추악과 부정으로 매도된 까마귀의 비유가 잘 나타나 있다.

까마귀 노는 곳에 백로야 가지 마라.
희고 흰 깃에 검은 때 묻힐세라.
진실로 검은 때 묻히면 씻을 길이 없으리라.

수컷 홍어가 내시(內侍)로 전락하는 신세도 개구리의 슬픔과 마찬가지다. '만만한 게 홍어 거시기(생식기)'란 말이 있다. 홍어 암컷이 수컷보다 몸집이 크고 맛도 뛰어나다. 그래서 암컷이 더 비싸다. 수컷 양쪽 날개에는 튀어나온 생식기 2개가 붙어있다. 생식기에는 특이하게 가시가 달려 자칫 어부의 손을 다치게 한다. 어부들은 잡자마자 거시기를 칼로 쳐내 바다에 버린다. 미처 처내지 못한 거시기는 겨울 짐꾼들이 술안주로 거저 잘라먹기도 했다. 종족 번식의 거시기가 아주 쓸모없는 퇴물이 된 셈이다. 이보다 억울하고 참담한 일이 있을까? 거시기가 잘리는 또다른 이유도 있다. 수컷은 주로 낚싯밥을 물어 꼼짝할 수 없는 암컷을 덮쳐 교합을 한다. 이때 어부는 낚싯줄만 당기면 된다. 그러나 거시기에 가시가 달려 잘 빠지지 않는다. 결국 거시기를 잘라버릴 수밖에 없다. 종족번식의 의무를 다한 뒤 장렬한 죽음이라 할까?

'파'도 사람을 위해 까닭 없이 희생됐다. '파김치가 되다.' 파김치, 말 그대로 파로 담근 김치다. 파김치가 숙성이 되면 파의 기다란 줄기가 힘없이 늘어진다. 사람들이 일에 지치거나 건강이 악화되어 힘이 없어 축 늘어진 모습을 일컫는다. 마치 바닷물에 살다 민물로 이사 온 오징어를 연상하면 될 듯하다. 그런데 왜 하필 '파'란 말인가? 김치의 주재료는 배추를 비롯해 열무, 오이, 순무, 미나리, 부추, 등등 참으로 많다. 이들도 김치가 되면 모두 축 늘어지기 마찬가지다. 여하튼 '파'도 무척 억울하다.

'코'도 억울하다. '안 되는 놈은 뒤로 넘어져도 코가 깨진다.' 운수가 사나운 사람은 온갖 일에 마(魔)가 낀다는 속담이다. 뒤로 넘어졌는데 머리 뒤통수가 깨져야지 왜 코가 깨지는가? 좋다. 앞부분이 꼭 깨져야 한다면 턱도 있고, 이마도 있고, 입도 있는데 왜 하필 '코'란 말이다.

이유야 어떠하든 살아가면서 이유 없이 당하거나 손해를 보는 일이 한두 번인가? 내 탓으로 돌리자 말자. 그저 '없는 재수' 탓으로 돌리자.

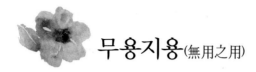

무용지용(無用之用)

'내버려 두다'라는 말이 있다. '내버리다'와 '두다'가 합해진 동사로 한자어 '방치(放置)하다'에 걸맞다. '내버리다'는 '더 이상 쓰지 아니하는 물건이나 못쓰게 된 물건 따위를 아주 버린다(waste)'는 의미다. '두다'는 '일정한 곳에 놓다, 보관한다(keep).'는 뜻이다. 가만히 살펴보면 재미있는 말이면서도 앞뒤가 다소 어긋나는 말이기도 하다. 쓸모없는 것을 그냥 내버리면 되지 왜 보관하는 것인가?(waste but keep) 지금은 당장 쓸모가 없어 내버릴 상황이지만 나중 언젠가는 쓸모가 있을지 모르기 때문일까? '내버려 두다'는 '쓸모없는 물건(無用之物)'이지만 '쓸모없음의 쓸모(無用之用)'의 가능성을 담고 있는 표현이라 할 수 있다. 세상 모든 물건에 상대적 가치와 평가를 부여하고 있는 셈이다.

'쓸모없음의 쓰임'은 모순이다. '이 창은 어떤 방패라도 다 뚫을 수 있다. 이 방패는 어떤 창이라도 다 막아낼 수 있다.' 창과 방패를 파는 중국 전국시대 초나라 상인들의 앞뒤가 어긋나는 모순(矛盾) 논리처럼 말이다.

'내버려 두다'란 모순적 언어 구조에서 우리 선조들은 '버림' 속에 잠재된 가치를 창조하려는 사고력이 있었다. 우리 민족의 사고 깊이와 우리글 우수성을 엿볼 수 있는 대목이다.

'무용지용'은 『장자(莊子)』에서 유래됐다. 한 도편수가 제자들과 제나라를 여행할 때 소 수천 마리가 더위를 피할 수 있는 그늘이 진 상수리나무를 지나게 됐다. 백 아름의 둘레에다 가지가 온 동네를 덮을 정도여서 이 마을 사람들은 이 나무를 신성하게 받들고 있었다. 제자들은 재목감으로 최고라며 관심 있게 살펴봤다. 반면 도편수는 그냥 지나쳤다. 제자들은 이구동성으로 스승에게 말을 건넸다.

"이 같은 훌륭한 재목을 처음 보는데 스승님은 왜 눈길 한번 주지 않고 그냥 지나치십니까?"

도편수는 한참을 말없이 가다가 마지못해 한마디 했다.

"저 나무는 아무 짝에도 쓸모없다. 배를 만들면 가라앉고, 가구를 만들면 부서지고, 문짝을 만들면 뒤틀리고, 기둥으로 쓰면 벌레가 낄 게야. 저렇게 오래 살아있는 것도 이처럼 여러모로 쓸모가 없기 때문이네."

귀가한 도편수는 그날 밤 이 나무 혼(魂)과 만나는 꿈을 꾸었다. 나무 혼은 도편수에게 왜 자신이 오랫동안 생명을 유지할 수 있는지를 설명했다.

"배나무는 열매를 맺으니 인간에게 쓸모가 있겠지. 그러나 열매가 달리기 때문에 가지가 잘리고 쪼개져서 천수를 다하지 못한 채 죽는 것이네. 자신의 쓸모가 오히려 생명을 단축시키는 셈이지. 만일 내[상수리나무]가 애초부터 쓸모가 있었다면 이렇게 천수를 다할 수 있겠는가?"

세상 사람들이 유용(有用)의 가치만 알고 무용(無用)의 가치를 깨닫지 못하는 우를 범하고 있음을 보여준 것이다. 상수리나무는 목재로는 쓸모가 없다. 사람들에게 그늘을 제공하는 데는 쓸모가 있다. 이처럼 그늘을 제공하는 숨은 쓸모의 가치는 잘 드러나지 않는다. 사람들이 편견과 선입견의 안경을 쓰고 있기 때문이다.

"내가 밟는 땅은 극히 작은 공간이며 걷기 위해서는 그것으로 충분하네. 그러나 밟을 자리, 쓸모 있는 부분[有用]만을 남기고 나머지 쓸모없는 부분[無用]을 깊게 파버리면 과연 걷기가 가능하겠는가?"

장자의 말이다. 이보다 더 좋은 쓸모없음의 쓸모를 비유한 글이 있을까?

"내 옆에 큰 나무가 있소. 그 큰 줄기에는 혹이 많아 먹줄을 칠 수도 없고, 그 작은 가지들은 뒤틀려 자를 댈 수도 없소. 길가에 서 있지만 목수들도 거들떠보지도 않소. 쓸 곳은 없으니 모든 사람들이 상대도 안 할 것이오."

장자 친구 혜시가 장자의 주장을 반박하면서 쓸모없음을 강변한 말이다. 이에 장자가 한마디 했다.

"자네는 큰 나무를 가지고 그것이 쓸데가 없다고 근심하고 있소. 어찌 아무것도 없는 고장, 광막한 들에다 그것을 심어놓고 하는 일 없이 그 곁을 왔다 갔다 하거나 그 아래 어슬렁거리다가 낮잠을 자지 않소? 그 나무는 도끼에 일찍 찍히지 않을 것이고, 아무것도 그것을 해치지 않을 것이오. 쓸데가 없다고 하여 어찌 마음의 괴로움이 된단 말이오?"

유용한 것에만 마음을 빼앗겨 무용의 가치를 깨닫지 못함을 지적하고 있다.

쓸모없음의 쓰임을 적절하게 표현한 사자성어가 있다. 하로동선(夏爐冬扇)이다. '여름 화로와 겨울 부채'라는 뜻이다. 아무 쓸모없는 말이나 재주를 또는 쓸모없는 사물을 비유하는 말이다. 무더위에 뜨거운 화로가 왜 필요하고, 추위에 시원한 부채는 또 무엇인가? 그러나 비록 무더운 여름 화로라 해도 소나기에 젖은 옷 등을 말릴 수 있고, 겨울 부채라 해도 꺼져가는 화로 불씨를 되살릴 수 있다. 그러니까 물건은 사용하기에 따라 유용하기 마련으로 무용지물은 없다는 것이다. 무용지용이란 말이다.

현대 미술계의 새로운 변화도 무용지용에 한몫하고 있다. 바로 정크아트(Junk art)다. 버려진 쓰레기를 재활용해 작품을 빚는 창작행위다. 생활쓰레기나 산업폐기물이 예술적 가치를 부여받고 새 생명, 예술 작품을 잉태한 것이다. 자동차와 각종 기계 폐부품 등을 이용해 만든 로봇 등 각종 대형 작품들이 정크아트의 예다. 정크아트는 그냥 '버려짐'이 아닌 '내버려둠'의 결과다. 무언가에 쓸모가 있을 수도 있어 내버려두었기 때문에 쓸모가 있게 된 셈이다. 아주 버려 버렸으면 그 물건 가치는 더 이상 없다.

'버리지 말고 내버려둬라.' 했던 우리 선조들, 장자 못지않게 무용지용을 예견했던 점에서 참으로 지혜로움이 넘쳐난다.

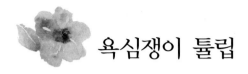

욕심쟁이 튤립

충남 신안과 태안 그리고 에버랜드 등 전국 곳곳에서 해마다 튤립 축제가 열린다. 별 이유 없이 그냥 꽃이 아름다워서란다. 튤립은 우리나라에 1912~26년에 들어온 것으로 알려졌다. 네덜란드를 상징하는 꽃이다. 아이러니하게도 튤립의 95% 정도가 원산지 터키에서 재배된다고 한다. 16세기 유럽으로 튤립이 퍼지면서 귀족이나 대상인들에게 엄청난 인기를 끌며 투기 대상이 되었다. 이처럼 튤립 수요가 폭증하면서 한때 가격이 엄청나게 급등했다. 황소 천 마리를 팔아서 살 수 있는 튤립 구근(球根)이 고작 40개 정도였다고 한다. 당시 구근 1개가 집 한 채 값과 맞먹었다고도 알려졌다. 믿거나 말거나지만 여하튼 당시 튤립인기를 가늠할 수 있다. 현재 네덜란드에서는 1년에 90억 송이 이상이 재배된다.

아름다운 꽃도 수두룩한데 굳이 튤립이 투기 대상이며 그토록 사랑받는 이유가 무얼까? 청혼과 관련된 애틋한 사연을 담고 있기 때문이란다.

네덜란드 어느 마을에 중국 4대 미인(월나라 서시, 한나라 왕소군, 후한 초선, 당나라 양귀비)을 한데 모아 놓은 것보다 더 아름다운 한 여인이 살았다. 혼기(婚期)가 차자 이곳저곳에서 청혼하는 사내들이 끊이지 않았다. 그녀는 어느 누구에게도 청혼을 승낙하지 않았다. 청혼자 모두 그녀 마음을 휘어잡을 지위, 재력, 권력의 삼박자를 갖추지 않았기 때문이었다.

어느 날, 세 명이 그녀의 콧대를 꺾겠다며 의기양양하게 그녀에게 청혼했다.

"저는 곧 왕이 됩니다. 결혼해 주시면 왕관을 씌워 주겠소."

첫 번째 곧 왕이 될 네덜란드 왕자였다. 그녀는 왕비가 되는 것에 엄청 구미가 당겼지만 선뜻 답변을 하지 못했다. 100% 마음에 차지 않았기 때문이다. 두 번째 청혼자에 일단 기대를 걸었다.

"저와 결혼해 주시면 가보로 보관하고 있는 검(劍)을 주겠소."

두 번째 용감한 기사(騎士)였다. 당시 기사는 대단한 사회적 명예와 부를 가진 데다 보검까지 주겠다는 좋은 조건에도 그녀의 입에서는 역시 쉽게 답변이 나오지 않았다. 결혼 상대자로 결정하기에는 2%가 부족했다. 마지막 청혼자에 더 큰 기대를 걸었다.

기다리던 세 번째 구혼자가 방으로 들어왔다. 네덜란드에서 내로라하는 갑부 아들이었다. 옷차림과 몸은 부유함 그 자체였다.

"저희 집 금고에는 황금 덩어리로 가득합니다. 모두 드리겠습니다, 결혼만 해주신다면."

그녀는 이번 역시 답변을 하지 못했다. 늘 마음에 자리하고 있던 욕심이 뇌리를 때렸다. '이 세 조건을 갖춘 사람은 없을까? 그런 사람이라면 결혼할 수 있는데.'

그녀는 고민과 갈등에 빠졌다. 일단 모두에게 답변을 2~3일 미루겠다고 전했다. 혹시 그 사이에 더 좋은 사람이 나타나지 않은까하는 기대감 때문이었다. 이 일을 어찌하랴! 다른 청혼자가 찾아오지 않았다. 그녀는 1년, 2년, 3년이 지났지만 답을 어느 누구에게도 주지 못했다. 그녀는 병들어 시름시름 앓다가 그만 죽고 말았다.

그녀가 죽은 이듬해 그녀 집 앞 들판에 꽃이 화려하게 피어났다. 꽃은 왕관을, 잎은 기사도의 보검을, 구근은 황금덩어리를 꼭 닮았다. 세 가지를 모두 가지고 싶어 했던 그녀의 화신(化身)이었다. 그녀는 살아서 세 가지 모두를 가질 수 없었지만 죽어서 모두를 가진 셈이다. 누군가가 이 꽃을 '튤립(Tulip)'이라 했다.

독신주의를 선언하고 나선 남녀들이 갈수록 늘어나고 있다. 특히 여성 비율이 더 늘고 있는 추세다. 남성들은 결혼을 하고 싶어도 독신으로 전락할 수밖에 없다. 여권(女權) 신장으로 경제적 독립이, 홀로서기가 훨씬 수월해졌다. 취업 문호에 남녀 구분이 없어지고 사회가 남성 위주에서 성 평등으로 전환된 덕분이다. 이제 이들에게 결혼은 필수가 아닌 선택이다. 결혼은 종족 보존 본능이 아닌 구속이라 맹신하는 사회풍토까지 생겼다. 결혼 기피 현상은 필연적으로 출산율 저조를 낳는다. 인구는 갈수록 줄어든다. 이러면 나라를 누가 지키고 가꾸겠는가? 출산율 저조는 나라 존폐위기로 이어짐을 누가 부정하겠는가?

독신을 선언하거나 아직도 결혼의 필요성을 인식하지 못하는 여성들이여! 물론 남자도 예외는 아니다. 독신에서 얻는 행복과 성공보다 가족에서 얻는 행복과 성공이 더 바람직하지 않을까? 인간이 태어난 이유 가운데 제일은 종족 보존이다. 종족 보존의 방법인 결혼은 인간으로 태어나 갖는 권리이자 의무인 셈이다. 이를 어기면 인간이기를 포기한 것과 다름없다. 불행하게도 만물의 영장이라 자부하는 인간만이 이 권리와 의무를 저버리고 있다. 지구 상 다른 생물들은 모두 철저하게 지키고 있다.

독신주의 인간들이여! 특히 여성들이여! 독신(獨身)의 '홀로 독(獨)'은 '암컷 짝을 찾지 못해 불쌍한 처지에 놓인 수컷'을 의미한다. 그렇다고 이처럼 '독신'이란 말이 남성만 해당할 뿐 여성은 아니라고 주장하지 마라. 여성들아. 당신들을 기다리는 남성들이 불쌍하지 않은가? 한 번 더 곰곰이 생각해 봐라. 무엇이 옳은 것인가? 그래도 네덜란드 여인은 튤립으로 환생해 지금까지 사랑을 받고 있다. 그러나 당신들은 죽으면 아무것도 아니다. 한 줌의 흙이다. 튤립은 차치하고 어떤 꽃으로도 환생하지 않는다.

그리스 신, 아리스토파네스는 원래 인간은 남녀, 남남, 여여 한몸이었다고 한다. 팔과 다리가 각각 네 개이고 힘도 세어 신을 위한 제사도 지내지 않고, 신을 위협하고 공격까지 했다. 보다 못한 제우스가 한몸을 둘로 갈라놓았다. 문제가 발생했다. 자웅 동체에선 종족 번식이 자동적으로 가능했다. 서로 분리되니 종족 번식이 되지 않았다. 신에게 제사지낼 인간이 사라질 위기에 처했다. 인간들로부터 추앙을 받아온 신의 처지가 말이 아니었다. 제우스가 누구인가? 방법을 찾아냈다. 서로 사랑을 느끼게 했다. 육체는 분리됐지만 다시 한몸이 될 수 있도록 말이다. 제우스가 만든 사랑은 결국 종족을 번식시키는 역할을 해 지금에 이르고 있다. 비록 신화이지만 요즘 세태를 볼 때 시사하는 바가 자못 크다. 일부 젊은이들이 자웅이체에서 일심동체 되기를 거부하거나 기피하고 있기 때문이다.

현생 인류를 '호모 사피엔스'라 한다. '지혜로운 인류'란 뜻이다. 독신주의자들을 과연 지혜롭다고 할 수 있을까? 아무리 신자유주의적 사고가 팽배하더라도 독신주의자는 절대 그렇지 않다. 스스로 인간의 본질, 종족 번식의 책무를 저버리고 있기 때문이다. 독신주의로 인해 결국 호모 사피엔스는 멸종하지 않을까? 아마도 '호모 싱글(Homo single)', 혹은 '호모 돌싱(돌아온 싱글; 이혼자)'이 우리나라를 점령하지 않을까 걱정이다.

헬퍼스 하이(Helper's high)

마더 테레사(Mother Teresa, 1910~1997). 웬만한 사람이면 다 아는 수녀다. 유고슬라비아 태생인 그녀는 18살 때 아일랜드 로레토 수녀원에 들어갔다. 1950년 '사랑의 선교 수녀회'를 설립해 인도 캘커타를 중심으로 평생 빈민과 고아 그리고 병자 등 약자들을 구원하는데 헌신했다. '빈자의 성녀'로도 추앙받아온 테레사 수녀는 이 같은 공헌으로 1979년 노벨평화상을 받았다. 87세로 세상을 떠났다.

테레사 수녀가 세상을 떠난 그다음 해 미국 하버드 의대 데이비드 맥클랜드(David C. McClelland) 박사 연구팀은 면역항체 연구에 관한 흥미로운 결과를 발표하게 된다. 우선 연구팀은 실험 학생들의 침을 분석했다. 바이러스를 없애는 침 속 면역항체의 변화를 조사하기 위해서였다. 조사가 끝난 뒤 마더 테레사의 일대기를 그린 영화를 보여줬다.

영화를 본 학생들의 침을 다시 분석했다. 면역항체 수치에 놀라운 변화가 있었다. 학생 대부분 면역항체가 종전보다 50% 정도 증가했던 것이다. 연구팀은 이 현상을 마더 테레사 수녀의 이름을 붙여 '마더 테레사 효과'라 명명했다. 남을 위한 봉사활동이나 선한 일을 보기만 해도 인체 면역기능이 향상된다는 것을 의미한다. 보기만 해도 이럴진대 남을 위해 봉사하거나 선행을 하는 사람은 면역항체가 증가하는 것이 당연지사 아닐까?

　우리는 자발적으로 육체적, 물질적, 정신적이든 남을 도울 때 기분이 꽤나 좋다. 이때 느끼는 기분이 바로 '헬퍼스 하이(Helper's high)'라 한다. 이 용어는 미국 내과의사 앨런 룩스(Allen luks)의 책 『선행의 치유력』에서 처음 사용되었다. 룩스는 실험을 통해 대부분 사람들이 남을 도와주면서 혹은 돕고 나서는 정서적 포만감을 느끼게 된다고 주장했다. 이 포만감은 혈압과 콜레스테롤 수치도 현저히 낮춘다. 엔도르핀(진통효과 호르몬)을 정상치의 3배 이상 분비한다. 이 같은 내적 변화는 몸과 마음에 활력을 불어넣는다. 남을 도와주는 것은 신체적, 정신적으로 자신을 건강하게 한다는 의학적 증명이다.

　봉사자나 기부자들은 대부분 '테레사 효과', '헬퍼스 하이'를 느낀다고 한다. 이들 대부분은 건강하게 장수할 가능성이 그렇지 않은 사람보다 훨씬 높다는 결론이다. 테레사 수녀가 87살을 살았듯 봉사자나 기부자들은 비교적 건강하게 오래 살았던 것으로 보고된다. 봉사자나 기부자들 대부분 선행을 한 번에 그치지 않는다는 것이 공통점이다. 기부를 멈추지 않는 이유는 바로 이 '헬퍼스 하이'를 느끼기 때문이다. 이는 돈으로 계산할 수 없는 무한 가치의 삶의 활력소이다.

　'헬퍼스 하이'는 마라토너가 달릴 때 느낀다는 '러너스 하이(Runner's high)'와 같다. 마라토너들은 42.195㎞를 달리다 보면 육체적으로 피로가 쌓인다. 하지만 35㎞ 정도 지점에 이르게 되면 상쾌한 쾌감을 느껴 힘든 줄 모르고 계속 달리게 된다. 어찌 보면 '러너스 하이'는 역설적이다. 달리면 달릴수록 신체적 스트레스로 고통을 느낄 테지만 오히려 쾌감, 행복감을 느끼기 때문이다. '러너스 하이'에 영향을 주는 것은 '헬퍼스 하이'와 마찬가지로 '엔도르핀 호르몬'이다.

천안함 사고로 순직한 아들의 위로금 전액을 대학 장학금으로 내놓은 40대 후반의 여성, 아들 결혼식 축의금 전액을 모교 장학금으로 기부한 60대 한의사, 전 재산 수십억 원을 모교에 기증한 70대, 평생 좌판을 해서 번 돈을 아무 연고 없는 대학에 기증한 무학의 할머니 등 수많은 사람들의 기부 소식은 전국 곳곳에서 정말 진한 감동을 주고 있다. '헬퍼스 하이'를 기대한 것은 아니지만 '헬퍼스 하이'를 부지불식간에 느꼈음은 분명하다.

아너 소사이어티(Honor Society) 회원도 마찬가지다. 사회복지공동모금회가 개인 기부 활성화, 성숙한 기부문화 확산을 통해 사회 공동체의 안정적 발전을 도모하기 위한 목적으로 2007년 12월 설립한 기부자들의 단체다. 회원이 되려면 1억 원 이상 기부 또는 5년 이내 1억 원 이상을 기부한다고 약정해야 한다. 전국 곳곳에서 그 회원이 늘어나고 있다. 물론 '있는 자'들의 모임이라 할 수 있다. '있으니까 거액을 기부하겠지'하며 비아냥거릴 수 있지만 정말 속 좁은 생각이다.

기부(寄附)란 공적인 일이나 다른 사람을 돕기 위해 돈이나 물건 등을 대가 없이 내놓는 행위다. 하지만 기부를 통해 자신에게 돌아오는 것이 없지 않다. 다른 사람이 느낄 수 없는 엄청난 정신적 쾌감이 바로 반대급부다. 기부자들이 이것을 바라는 것은 아니지만 그들에게 기필코 돌아간다. 그래서 남을 돕는 사람들은 그 행위가 알게 모르게 습관화되는 경우가 많다.

남을 돕는 데 이런저런 구실을 들어 주저한다. 내 일, 내 것 먼저 챙긴 뒤 남을 돕겠다고 하지만 내 일과 내 것에 대한 집착과 욕심으로 결국 영원히 남을 돕지 못한다.

'노블레스 오블리주(Noblesse oblige: 사회 고위층 인사에게 요구되는 높은 수준의 도덕적 의무)'를 굳이 논할 필요 없다. 물질적이든 육체적이든 정신적이든 여건을 따질 이유도 없다. 나눠줄 수 없을 만큼 물질적으로나 육체적으로 가난한 사람은 없다.

여하튼 봉사나 기부는 남에게 도움을 주는 것뿐만 아니라 그 도움이 자신에게 몇 배가 되어 돌아온다는 점에서 적극 나서고 권장해야 할 일이다. 기부는 돌아오는 무엇을 분명 가지고 있다. 그것은 육체적, 정신적 건강이다. 받는 것보다 주는 것이 더 낫다고 하지 않는가?

오람(五濫)

　'람(濫)'은 '물이 흘러넘치다'로 '물 수(氵)', '크게 눈을 뜬 신(臣)', '아래를 들여다보는 인(仁)', '세숫대야 명(皿)'이 합쳐진 상형문자다. '濫'에서 '氵'를 떼면 '감(監)'이다. '監'은 '살펴보다'는 뜻이다. 눈을 크게 뜨고 세숫대야에 담긴 물에 몸을 바싹 가져다 댄 뒤 물에 비친 자신을 요모조모 면밀하게 살피는 모습이다. 살피는 이유는 잘못과 부족함을 바르게 고치고 보충하기 위함이다. '監'은 사람이 성찰하는 척도이고, 사회 유지의 근간이 되는 규범이다.

　왜 '살펴보다'에 '물'을 더해 '濫'을 만들었을까? 아주 먼 옛날 구리나 유리 거울이 발견되기 전에는 고인물이 거울을 대신했다. 물결이 없는 물에 얼굴을 비춰 자신의 모양새를 보고 잘못된 점을 바로 잡았다. 문제는 그 물이 항상 고요하지 않다는 점이다. 툭하면 물결이 일어 거울 역할을 제대로 하지 못했다. 여기서 '氵'와 '監'이 붙어 '濫'이 된 이유를 알 수 있다. 물의 움직임이 정지된 상태에서 모습을 비추고 있는데 갑자기 물결이 일어 물이 흘러넘쳤다. 이런 상태에서 얼굴을 제대로 비출 수 없다. 얼굴 등 피사체가 일그러진다. 물거울은 더는 쓸모가 없다. 이렇게 해서 '監'과 '濫'이 탄생했다. '監'이 폐기된 것이 '濫'이다. 그러니까 '濫'

은 자아 성찰이 불가능하고 사회가 혼란한 무규범 상태다.

그렇다면 누가 이런 '監'을 망가트렸나? 사회구조의 최우선 순위에 위치한 정치, 정치인들이 아닐까? 이들은 사회구조의 주춧돌과 사회 유지의 기본 규칙(법)을 만드는 사람이다. 물 담을 대야를 만들고 그 대야에 물을 알맞게 채워 넣는 사람이다. 문제는 이들이 대야를 흔들어 물을 넘치게 하거나, 대야가 균형을 잡지 못해 물이 넘쳐도 방관한다는 점이다. 이렇게 되면 자신과 사회를 비출 거울이 부실해진다. 잘못을 바로잡지도, 문제를 해결하지도 못한다. 아니, 흘러넘치는 물에 비친 모습이 진실인 줄 착각하는 우를 범한다. '監'을 망가트린 이유는 뭘까?

첫째, 남용(濫用) 때문이다. 정치인들은 권리나 권한을 본디 목적이나 범위에서 벗어나 함부로 행사한다. 많은 정치인들이 위임된 정치권력을 일정한 기준이나 한도를 넘어선다. 국가나 공동체의 이익보다 자신이나 소속 정당을 위해 권력을 부당하게 사용한다. 입법자이면서도 권력 남용을 막는 제도적 장치를 만들지 않거나 만들어도 요리조리 피한다. 툭하면 그들은 공권력이나 직권 남용으로 사법 처리되기 일쑤다.

둘째, 남발(濫發) 때문이다. 어떤 말이나 행동 따위를 함부로 한다. 선거 때만 되면 흑색선전과 상호 비방이 극치를 이룬다. 표를 얻기 위해 급조된 공약을 마구 개발, 공표한다. 일단 붙고 보자는 식이다. 당선되면 공약 실천의 불가능 이유도 마구 쏟아 낸다. 공약도, 핑계도 남발이다. 비현실적인 선심성 공약이나 정책을 내세워 대중의 지지를 끌어낸다. 권력을 유지하거나 쟁취

하는 대중영합주의(populism)도 만만치 않게 남발한다. 제사보다 제삿밥에 관심을 두는 꼴이다.

셋째, 남획(濫獲) 때문이다. 정치인은 허울과 가식으로 선량한 사람들을 소리 소문 없이 사로잡는다. 혹세무민(惑世誣民)이라 할까? 오죽하면 숙부와 남편에 이어 아들까지 호랑이에게 물려 죽었지만 산에서 나오지 않는 아낙네의 이유가 가혹한 정치였을까? 가정맹어호(苛政猛於虎). 호랑이보다 무서운 것이 곶감이 아닌 바로 정치였다. 정치권력 획득의 근본도 잊은 채 이젠 자신은 백성이 아니라고 착각한다. 정치권력을 쥐면 곧바로 백성 위에 군림하려 한다.

넷째, 외람(猥濫) 때문이다. 언행이나 생각이 분에 넘친다. 정치인으로서 위치와 한도를 벗어난다. 위정자가 되면 만인지상(萬人之上)으로 자리를 굳히려 한다. 애초 자칭했던 머슴은 그 한계를 훌쩍 넘어서 온데간데없다. 위정자는 국민들이 국가와 자치단체 그리고 국민을 위해 일하라고 뽑아준 대리인에 불과하다. 이런 신분이나 위치를 망각한 채 행동이 그 분수를 넘어서 꼴사납게 푼수 짓을 떨고 있다.

마지막으로 범람(氾濫) 때문이다. 폭우로 불어난 강물이 둑을 넘어 논밭, 도심 등으로 마구 흘러넘치는 것이 범람이다. 이런 강물처럼 정치인들도 경계를 넘고 있다. 유혹에 빠지거나 마음이 검어 정치인으로서 넘지 말아야 할 경계선을 스스로 붕괴시키고 있다. 국정을 핑계 삼아 불법 행위나 이권 개입을 일삼는다. 그들끼리 이합집산(離合集散)도 이여반장(易如反掌)이다. 이런 범람은 권위보다 권력을 비정상적으로 앞세우기 때문이다. 강물이 범람하면 논밭과 도심이 쑥대밭이 된다. 정치인이 범람하면 사회구조의 혼란을 초래한다. 범람한 물줄기는 목적도 없고, 제 갈 길도 모르는 것처럼 정치도 마찬가지다. 자칫 막장까지 간다.

공자가 주유열국(周遊列國: 정치적 이상을 펴기 위해 여러 나라를 돌아다님)하던 중 진(陳) 나라에서 양식이 떨어져 문하생 모두가 굶주림에 처했다. 문하생 가운데 나이가 가장 많은 데다 공자와 친구처럼 지내고, 공자가 특히 아꼈던 자로(子路)가 참지 못해 감히 스승께 돌직구를 날렸다.

"군자도 이렇게 곤궁에 처할 때가 있습니까?[君子亦有窮乎]"

"군자도 곤궁할 때가 있다. 소인은 곤궁하면 인간의 도리를 넘어서는 짓을 한다.[君子困窮 小人窮斯濫矣]"

난세에는 군자도 몹시 어려운 지경에 이를 때가 있다. 하지만 인간의 도리(道理)를 벗어나는 행동을 하지 않는다. 반면 소인은 곤궁에서 벗어나기 위해 물불을 가리지 않고 뭐든지 한다. 잘못을 서슴지 않는다.

분명 정치인은 소인이 아니다. 그런데 하는 짓은 왜 소인을 똑 닮았는가? 그렇다면 소인이 아니고 무엇이란 말인가? 정치인들이여! 당신들이 벌거숭이 임금이라는 것을 왜 당신들만 모르는가? 속이 훤히 보인다. 대야는 담을 물의 한계치가 정해져 있다. 한 방울이라도 더 담을라치면 흘러넘친다. 정치인도 해야 할 행동의 한계치가 있다. 그 한계치는 쉽게 말해 공자가 말한 도리다. 그 도리의 한계치를 넘지 마라.

세례 받은 반려견

교중미사가 끝난 어느 성당이다. 70대 할머니가 주임신부를 만났다. 머뭇거리며 신부에게 말을 걸었다.

"신부님, 저…… 제 딸에게 세례성사(洗禮聖事)를 부탁합니다."
"아니, 할머니는 혼자 사는 것으로 알고 있는데 딸이 있었어요?"
"네. 있긴 있는데, 사람이 아니고 애완용 강아지거든요."
"아니! 개라고요, 할머니, 세례는 사람이 아닌 동물에게는 줄 수 없어요."

신심이 돈독한 할머니는 몹시 실망해 집으로 돌아갔다. "내가 다시는 성당에 나오나 봐라!" 하지만 일주일이 지난 뒤 할머니는 어김없이 교중미사에 참석했다. 미사가 끝난 뒤 또다시 신부와의 면담을 요청했다.

"신부님, 성당을 신축한다지요. 돈도 꽤 많이 들어갈 텐데요. 제가 건립기금으로 1억 원을 봉헌할게요. 대신 내 딸(개)에게 세례를 주세요, 네?"

신부는 할머니의 집요한 요구에 긍정적으로 고려해 보겠다는 말로 대화를 서둘러 마무리했다. 저번처럼 단도직입으로 거절하면 노인 양반이 뭔 일이라도 낼 것 같아 안심시키는 차원에서 그렇게 말했다. 여하튼 신부는 고민에 빠졌다. '아무리 성당 건립에 도움이 된다 하더라도 대가를 받고 개에게 세례를 줄 수 없지 않은가?'

보좌신부와 수녀, 사무장과 평신도협의회 회장 등과 수차례 이야기를 나눴지만 결론을 낼 수 없었다. 일부는 성당 건립에 적으나마 도움이 되기 때문에 개 세례를 찬성한 반면, 일부는 어찌 개에게 세례를 줄 수 있느냐며 반대했다. 결국 최종 결정은 주임신부 몫이었다. 노인의 간절한 소원이니만큼 이번 한 번만 '눈 딱 감고' 개에게 특별 세례를 주기로 결정했다. 동물이라 6개월간 교리 공부를 시킬 수 없음을 감안해 다음 교중미사 때 개 세례식을 치렀다.

이 사실을 신부는 주교에게 보고하지 않을 수 없었다.

"주교님, 제가 좀 엉뚱한 짓을 했는데요. 말씀드리기가 좀……."

"신부님, 뭔데요. 부담스러워하지 말고 말씀하시지요."

"글쎄 말입니다. 제가 개에게 세례를 주었거든요."

"아니, 개에게 세례를 주셨다고요. 하하하. 아니, 어찌 이런 일이!"

주교는 난생처음 듣는 일이어서 난감하지 않을 수 없었으나 더 이상 추궁하지 않았다. 잠시 후 한마디가 이어졌다.

"그렇다면 견진성사는 언제 주면 좋을까요?"

예상 밖의 주교의 말이 끝나자마자 갑자기 주변 신부들이 폭소를 터뜨렸다. 왜 웃었을까?

주교가 견진성사의 '견(堅)' 대신 개를 뜻하는 '견(犬)'으로 바꿔 말했다는 것을 금세 알아차렸기 때문이다. 개에게 견진성사(堅振聖事)*를 주겠다는 것이 아니라, 개에게 성사를 주니 '犬振聖事'가 되어야 한다고 농담을 한 것이다.

이 이야기는 물론 실화가 아니다. 강론을 하던 어느 천주교회 신부가 반려동물 이야기를 하던 중 웃자고 한 말이다. 인간의 정적 교류가 사라지는 반면 디지털 기계로 인해 건조하고 삭막한 관계가 증가하면서 정적 교류의 대안으로 반려동물이 등장하는 요즘 세상을 풍자한 이야기다.

일인 가구와 혼자 사는 노인 증가, 사회관계 축소, 무미건조하고 사무적 인간관계의 증가 등에 따른 외로움과 공허감, 고립감이 상존하는 것이 요즘 상황이다. 사람과 사람, 사람과 세상 관계가 축소되는 반면 사람과 동물, 사람과 기계와 관계가 확대되고 있다는 얘기다. 기계는 바로 스마트폰과 컴퓨터 등 디지털 기

---

* 견진성사는 가톨릭 신자의 마음속에 성령(聖靈)이 임하게 하는 일곱 가지 성사 중 하나다. 가톨릭 신자가 되기 위해서는 일정기간 동안 교리 공부를 마친 뒤 세례성사를 받는다. 6개월이 지나면 주교 주관 하에 견진성사를 받는다. 그때 비로소 대부, 대모가 될 수 있는 자격을 얻는다.

계다. 하루 종일 즐기는 데 부족함이 없다. 갈수록 이 기계와 관계 횟수가 증가하고 관계 밀도 역시 더 높아지고 있다. 사람보다 기계 의존성이 강해지고 있는 셈이다. 두 사람이 서로 의지하고 있는 형상의 사람 인(人) 자를 무색하게 한다. 이제 사람을 기계가 받쳐주고 있다. 심지어 이 기계를 통해 칠정(七情: 喜, 怒, 愛, 樂, 哀, 惡, 欲)까지 느낄 정도다. 이처럼 기계는 갈수록 지능화되어 인간 역할을 대신하고 있다.

사람은 다른 사람이 갈수록 덜 필요해지고 있다. 아주 공식적이고 사무적인 일을 빼면 혼자 살 수 있는 방법이 수 없이 많고 그렇게 하는 것도 무척 쉽다.

잘 짜여진 사회관계가 틈이 생기기 시작한다. 인간이 아닌 디지털 기계가 매개체로 나서 인간을 서로 연결해 주기 때문이다. 실체(사람) 대신 그림자(기계)와 만나 대화하고 살아간다. 디지털 기계와 인간 사이에 반려동물이 끼어들었다. 사람에서 느낄 수 있는 칠정을 다소나마 반려동물이 제공하기 때문일까? 맞다. 사람들이 기계와 관계에서 빚어지는 몰(沒) 인간성과 건조함 그리고 공허함을 달랠 수 있는 것은 인간 다음으로 개나 고양이 등 반려동물임은 분명하다. 심지어 반려동물이 가족 구성원 역할을 능히 하고 있다.

아주 먼 옛날 짐승 가운데 개가 먼저 길들여져 짐승에서 가축이 됐다. 집을 표현하는 글자가 '지붕과 4개의 벽으로 둘러싼 면(宀)' 안에 '개 견(犬)'이 있다 해 '가(宀 + 犬)'이다. 개와 함께 한 지붕 아래서 산다고 해서 말이다. 그 후 돼지도 집 안으로 들어

왔다. 돼지를 집 방바닥 아래 구덩이를 파 사육할 때부터다. 특히 돼지 머리가 제물용으로 사용되기 시작하면서 돼지 몸값이 개보다 훨씬 높아졌다. 누군가가 집을 뜻하는 글자를 '한 지붕 아래 돼지 시(豕: 수돼지)가 있는' 형상의 '가(家)'로 바꿨다. 개가 지붕(宀)에서 나가고 돼지가 들어온 셈이다. 최근 들어 다시 돼지가 나가고 개가 들어오기 시작했다. 원대복귀다. 개가 사냥과 집 수호 그리고 이동수단 등이 아닌 사람을 대신할 수 있는 대체물, 반려견(伴侶犬)으로 말이다. 어느 자치단체에서는 개의 귀가를 환영하는 뜻에서 개 등록증도 만들어 주었다. 주민등록증과 똑같다. 이젠 식구(食口)다. 개를 가리켜 딸이라고 하지 않는가? 개 호텔도, 개 장례식장도 등장했다. 인간 못지않은 대접을 받고 행세하고 있다.

세례를 받은 할머니의 개는 6개월 후면 견진성사를 받을 수 있는 자격이 생겼다. 그 후 견진성사를 받으면 다른 반려동물이 세례성사를 받을 때 대모 또는 대부자격을 얻게 된다. 앞으로 이런 엉뚱한 일이 안 벌어질 것이라 누가 장담하겠는가?

이승의 개똥밭

사람이 죽으면 지하세계에서 영혼이 죗값을 받는다. 영혼은 심판결과에 따라 해당 지옥으로 떨어진다. 지하세계에는 수많은 지옥 가운데 불길에서 고통을 받아야 하는 여덟 곳의 지옥[八熱地獄]이 있다. 이 팔열지옥 가운데 하나가 무간지옥(無間地獄) 또는 아비지옥(阿鼻地獄)이다. 이 지옥에 떨어지면 살가죽이 벗겨지고 그 가죽으로 몸이 묶인 채 훨훨 타는 불 수레를 타고 가며 이승의 죗값을 받는다. 달구어진 쇠창에 입과 코, 배 등 온몸이 꿰어 공중 이리저리로 던져진다. 부리가 철로 만들어진 독수리가 눈을 파먹기도 한다. 다 파먹으면 또다시 눈이 생긴다. 다른 지옥은 그래도 고통을 피할 수 있는 아주 짧은 시간, 찰나(剎那: 0.013초)가 주어진다. 하지만 무간지옥에서는 이 짧은 고통의 쉼마저 주어지지 않는다. 지옥 깊이가 우리가 살고 있는 사바세계 아래 무려 4만 유순(由旬: 32만 km)이나 된다. 6,371km의 지구 깊이(반지름)보다 무려 50배나 깊다.

'무간(無間)'은 '지옥에서 받는 고통이 찰나의 간극(間隙) 없이, 쉼 없이 영구히 계속 된다'는 뜻이다. 지옥 가운데 형벌이 가장 극심하다. 이 지옥은 사찰 뒤에 있는 명부전(冥府殿) 시왕탱화(十王幀畵: 지옥 10왕의 심판 광경과 지옥서 고통 받는 죽은 자를 그린 그림)에 잘 묘사되어 있다. 이 지옥에 어떤 죽은 자가 떨어질까? 부모 살해 등 오역죄(五逆罪)를 범한 자, 절이나 사탑(寺塔)을 파괴한 자, 성중(聖衆: 보살, 비구중 등)을 비방한 자 등 극악무도했던 자들이다.

오역죄는 인간이 짓는 죄 가운데 가장 무거운 죄다. 이 오역죄보다 더 무거운 죄가 있다. 스스로 목숨을 끊는 일이다. 자살이다. 죽은 자들은 지옥 열(10) 왕, 명부시왕(冥府十王)을 차례로 거치면서 살아생전 지은 죄를 철저하게 심판받는다. 단 죄를 짓지 않고 죽은 자는 첫 번째 진광(秦廣) 대왕을 만나 무죄가 확인된 뒤 곧바로 하늘나라 위[天上], 이른바 천당(天堂)으로 가 나머지 아홉 대왕을 만나지 않는다. 다시 말해 지옥에 가지 않는다. 대왕의 심판 과정에서 죽은 자는 자신의 죄를 변호할 기회를 얻어 간혹 감형받기도 한다. 반면 자살자는 곧바로 열 대왕 가운데 마지막 오도전륜대왕(五道轉輪大王)의 심판을 처음이자 마지막으로 받는다. 자살자들에겐 변호 기회가 절대 주어지지 않는다. 확인 절차만 거친 뒤 영원히 벗어날 수 없는 무간지옥으로 떨어진다.

요즘 무간지옥이 확장공사로 어수선하다고 한다. 자살자가 너무 많아 기존 공간이 부족하기 때문이다. 자살하면 전 세계적으로 우리나라가 독보적이다. 2017년 10만 명당 24명이 자살했다. OECD 국가 중 리투아니아 27명에 이어 2위다. 13년째 1위를 고수하던 우리가 1위 불명예를 벗어난 것은 자살로 악명 높은 리투아니아가 OECD에 2016년 가입한 덕분이다. 별로 좋아할 일이 아니다. 최근 세계인구보고(World population review)의 2018년 자살률 통계를 보면 176개국 가운데 우리나라는 4위로 10만 명당 26.9명이 자살했다.

지하세계가 무섭긴 무서운가보다. 동반자살이 이어지고 있다. 일면식도 없는 사람들이 인터넷 등으로 만나 함께 자살하는 사건이 툭하면 보도된다. 지하세계를 함께 가면 두려움과 공포감을 다소나마 벗어날 수 있다고 믿기 때문일까? 아니 그렇게 무서워서 혼자 못가면 그냥 살면 되지 죽긴 왜 죽지?

자살 이유와 명분은 바로 사회구조의 총체적 부실인 아노미(Anomie: 무규범의 상태)에서 비롯된다. 아노미적 자살이다. 프랑스 사회학자 에밀 뒤르켐(Emile Durkheim)의 말이다.

불가에서는 '인간 몸은 인간이 아닌 부처가 머무는 소중한 장소'라 한다. 내 몸이지만 그 속에 부처님이 살아계신데 어찌 부처님을 죽일 수 있겠는가? 불가에서 자살은 있을 수도, 있어서도 안 되는 철칙이다.

독배를 마셨던 고대 그리스 소크라테스의 말을 들어보자.

"인간은 신의 소유물이고 신은 인간의 보호자다. 인간은 자살이 아니라 신이 부를 때 죽어야 한다. 자살은 잘못된 것이다. 인간은 자기 감옥 문을 두드릴 권리가 없는 수인(囚人)이다. 인간은 신이 소환할 때까지 죽음을 기다려야 하며 스스로 생명을 빼앗아서는 안 된다. 우리가 기르는 돼지나 소가 제 마음대로 죽는다면 우리 마음은 어떠할까?"

소, 돼지가 마음대로 죽으면 주인이 열 받듯이 인간도 마음대로 죽으면 신께서 환장할 노릇 아니겠는가? 죽어 천우신조로 인간으로 환생한 데다 몸이 내 것이 아닐진대 어찌 제멋대로 생명을 포기하겠는가? 탄생과 죽음은 인간 몫이 아닌 것으로 인간에게 자살 권리가 없다는 얘기다. 지장보살은 죄의 뉘우침과 지옥생활의 성실성에 따라 죽은 자를 구제하는 역할을 한다. 마치 행형(行刑)성적이 좋은 수인을 감형하는 이승의 교도행정처럼 말이다. 자살한 자는 아무리 죗값을 충실히 받는다 해도 지장보살의 은전을 절대 받지 못한다. 구제 대상에서 예외다. 최악의 무간지옥을 영원히 벗어날 수 없다.

중국 윈난(雲南)성 남부 지뉘산 일대에 지뉘족이 산다. 이 종족은 사람이 죽으면 무조건 화장한다. 이때 그 영혼이 푸른 연기를 타고 서쪽 어느 곳에 있는 죽은 자의 조상들 땅으로 돌아간다고 믿고 있다. 그러나 자살한 자 영혼은 조상의 땅으로 돌아가지 못한 채 구천을 영원히 헤맨다며 자살을 철저히 금한다. 자살한 자를 화장하지 않고 들에 그냥 버려 동물 먹잇감이 되게 한다. 이는 어찌 보면 자살한 자에 대한 산 자의 단죄다.

삶이란 태생적으로 고통스럽다. 생애(生涯)의 '애'는 '물 수(水)와 낭떠러지, 벼랑 애(厓)'로 이뤄졌다. 생애는 수만 길 아래 급류가 흐르는 낭떠러지 끝에 사람이 서 있는 형상이다. '벼랑 끝 인생'이란 말도 하지 않는가? 벼랑 끝 삶, 생각만 해도 아찔하지 않은가? 자칫 발을 헛디디거나 강풍이 불면 수만 길 아래로 떨어져 죽는다. 평생 죽음의 위험을 감수하고 가슴을 졸이며 산다. 이것이 삶이고 삶의 고통을 피할 수 없다. 누구나 다 겪는 고통을 저 혼자 피하기 위해 자살하면 과연 그 고통이 사라지는가? 오히려 무시무시한 지옥이 기다리고 있다. 영원히 벗어날 수 없는 무간지옥이다.

트로이 전쟁에서 승리한 뒤 고향 가는 길에 먼저 죽은 전쟁 영웅들을 위로하기 위해 오디세우스가 지하세계를 들렀다. 그는 트로이 공주, 폴릭세네를 만나러 갔던 아폴론 신전에서 트로이 왕자, 파리스가 쏜 화살을 맞고 지하세계로 온 아킬레우스를 만났다.

"저승에서 생활이 어떠하신지요?"

"모든 죽은 이들 사이에서 왕 노릇 하는 것보다는 이승에서 날품팔이 농사꾼이 되어 다른 양반 밑에서 종살이하는 게 차라리 낫지요."

'똥밭에 굴러도 이승에서 굴러야 한다.'는 말과 같다. 지옥 왕은 이승 머슴만도 못하다는 얘기다. 궁형(宮刑)의 치욕에도 자살을 포기하고 위대한 중국 역사서 『사기』를 펴낸 사마천(司馬遷)을 생각해 봐라. 자살을 아홉 마리 소에서 털 한 올 뽑는 것, 구우일모(九牛一毛)에 비유하지 않았는가? 하물며 그래도 자살하겠는가? 더욱이 고통의 쉼이 없는 무간지옥으로 바로 떨어지는데도?

갈림길에서

복수불반분(覆水不返盆). 바닥에 엎지른 물은 다시 주워 담을 수 없다. 일단 저지른 일은 다시 되돌릴 수 없다는 뜻이다. 이 사연은 은(殷)나라 주(周) 제후국의 왕인 서백(西伯: 주나라를 건국한 무왕 아버지)이 사냥하던 중 위수(渭水)에서 낚시꾼과 만남부터 시작된다. 낚싯대를 드리운 모습이 서백의 눈에 예사롭게 보이지 않았다. 서백은 사냥을 멈추고 이 낚시꾼과 몇 마디 나눴다. 역시 예사 사람이 아니라는 필(feel)이 꽂혔다. 그 자리에서 스승이 되어 달라고 청했다. 낚시꾼은 무척이나 고민하다 결국 허락했다. 이 사람이 바로 강상(姜尙: 벼슬 후 여(呂)에 봉해졌다고 해 '呂尙'이라고도 함)이다. 주나라 건국 후 서백의 할아버지, 태공(太公)이 바랐던[望] 인물이었다고 해서 태공망(太公望), 강태공이라고도 불렀다.

그는 서백을 만나기 전에는 끼니조차 마련하지 못해 아내의 구박을 피하지 못했다. 목구멍에 풀칠도 못하는 등 살림을 팽개친 주제에 허구한 날 낚시를 하거나 책 읽는 일에 몰두했기 때문이다. 낚시와 독서 외에 하는 일이 없었다는 얘기다. 낚시를 하면 물고기라도 잡아 땟거리라도 챙겨 와야 하나 이것도 제대로 하지 못했다. 낚시 바늘이 미늘이 없는 일자(一字) 못과 같아

졸고 있는 물고기조차 잡지 못했다. 이제 볼장 다 봤다고 생각한 아내 마(馬) 씨는 가출을 감행했다. 강상은 홀로 집에 남아 끼니도 제대로 챙기지 못하는 신세가 됐다.

아내에게 차인 강상이 할 일이라곤 여전히 낚시와 독서뿐이었다. 이런 와중에 천우신조 아니면 선견지명, 강상은 서백의 스승이 됐다. 서백을 도와 은(殷)나라를 멸망시키고 주(周)나라 건국에 혁혁한 공을 세웠다. 제(齊)나라 제후(諸侯)가 됐다. 아내였던 마 씨는 체면 불고하고 헐레벌떡 전남편, 강상을 찾아와 머리를 조아렸다. 다시 아내로 맞아달라고 말이다. 강상은 한참을 생각하다 전처 마 씨에게 항아리에 물을 떠 오라고 했다. 마 씨는 의아해하며 시키는 대로 했다. 강상은 돌연 그 물항아리를 바닥에 쏟아버리라 했다.

"이 물을 고스란히 다시 항아리에 담으면 아내로 맞이하겠소."

마 씨는 물 대신 진흙만 잡혀 물을 담을 수 없었다.

"땅바닥에 쏟아진 물은 다시 담을 수 없는 것처럼 한번 떠난 아내는 받아들일 수 없는 것이오."

마 씨는 눈물을 흘리며 발길을 돌릴 수밖에 없었다. '엎질러진 항아리의 물은 다시 담을 수 없다.' 복수불반분(覆水不返盆)이다. 영어 속담으로 'It is no use crying over spilt milk(한 번 쏟아진 우유 앞에서 울어보았자 소용없다)'다.

복수불반분을 이보다 더 지독하게 몸소 실천한 인간이 또 있다. '부신독서(負薪讀書: 땔감을 지게에 지고 팔러 다니면서 책을 읽는다)'의 주인공, 중국 전한 주매신(朱買臣)이다. 그는 땔감을 팔아 생계를 유지했다. 땔감을 지게에 지고 팔러 다니면서도 독서를 게을리 하지 않았다.

"땔감 팔아 연명하는 주제에 독서는 뭔 독서여. 땔감을 아무리 팔아도 살지 말지인데."

그의 처는 늘 불만이었다. 개선의 여지가 없자 집 떠날 날만 호시탐탐 노렸다. 때마침 한 놈팡이와 눈이 맞았다. 미련 없이 남편을 버렸다. 시간이 흘러 주매신은 열독에 힘입어 한나라 무제의 눈에 띄었다. 중대부가 되었고 급기야 고향 태수로 금의환향했다. 일단 그는 집나간 전처를 불러 도와주었다. 어찌 이런 마음을 먹으랴? 이에 감복한 나머지 전처는 염치 불고하고 다시 아내로 맞아달라고 애원했다. 그는 갑자기 물항아리를 엎은 뒤 그 물을 주워 담으면 다시 아내로 맞아주겠다고 했다.

'웬 떡이야!' 하며 전처는 항아리에서 쏟아진 물을 열심히 담으려 했다. 그러나 눈물만 흘릴 수밖에 없었다. 그녀는 과오(過誤)와 진흙만 움켜쥔 자신 모습이 수치스러웠다. 그날 밤 돌담 배나무에 목을 매 목숨을 끊었다. 이 사연을 후세 사람들은 '매신지처 복수불반분(買臣之妻 覆水不返盆)'이라 했다. 주매신의 처가 바닥에 쏟아진 물을 항아리에 담지 못했다.

어려움 속에서도 남편 뒷바라지, 내조에 혼을 다한 아내와 백년해로 한 일화도 있다. '조강지처 불하당(糟糠之妻 不下堂)' 술을 거르고 남은 지게미와 쌀겨 같은 험한 음식을 먹으며 함께 고생한 아내는 봉당(封堂: 안방과 건넌방 사이에 마루를 놓지 아니하고 흙바닥 그대로 있는 공간) 아래로 내려오지 않게 한다. 아내 발에 흙을 묻히지 않을 정도로 신주(神主)처럼 모셔야지 박대해서는 절대 안 된다는 의미다.

그 유래는 중국 후한을 세운 유수(劉秀: 광무제)에서 비롯됐다. 그에게는 궁에서 살고 있는 과부 누이동생[호양 공주]이 있었다. 당시 송홍(宋弘)이란 벼슬아치의 인품과 학식이 하늘을 찌를 듯했다. 누이동생은 그를 무척이나 흠모하고 있었다. 이를 눈치챈 유수는 송홍을 불러 동생과 재혼하지 않겠느냐며 넌지시 운을 뗐다.

"여보게. 신분에 맞게 살아야지. 지금 귀한 벼슬을 했으니 그에 걸맞은 새 부인을 얻어 폼 나게 살아야지 않겠나?"

유수는 '성은이 망극하옵니다.'라고 송홍이 대답할 줄 알았다. 엉뚱한 답변이 돌아왔다.

"폐하. 살림살이가 몹시 어려워 술지게미나 쌀겨 같이 보잘 것 없는 음식으로 고생하며 함께 살아온 처는 아무리 부귀공명을 얻었다 한들 버리거나 박대할 수 없습니다(조강지처 불하당)."

호양 공주는 헛물만 켰고 평생 과부로 살았다.

'조강지처 불하당'을 철저히 실천한 우리 학자도 있다. 통일신라 3대 문장가의 하나 강수(强首)다. 강수는 신분이 낮은 대장장이 딸과 정식으로 혼례를 치르지 않고 살았다. 그들은 살림살이가 궁핍했지만 행복하게 살고 있었다. 강수가 훌륭한 문장가가 되자 부모는 신분 높은 여자와 결혼을 준비하고 있었다. 아들이 이미 결혼한 사실을 모르고서 말이다. 당시만 해도 신분이 높은 남자는 아내를 버리거나 첩을 새로 취하는 것은 이여반장(易如反掌)이었다. 하지만 강수의 대응은 의외였다.

"가난하고 천한 게 수치스러운 일은 아닙니다. 비록 천한 신분이지만 가난할 때 함께 했던 아내는 집안 뜰아래로 내려오지 않게 한다고 했습니다. 이럴진대 어찌 함께 고생한 아내를 버리고 다시 장가를 갈 수 있겠습니까?"

완고하면서도 고결한 아들 의지에 부모도 어찌할 수 없었다.

쌀 다섯 말

　도연명(陶淵明). 중국 위진남북조시대 동진(晉) 말부터 남조(南朝)의 송대 초기까지 산 시인이다. 동양적 이상향을 담아낸 글 『도화원기(桃花園記)』의 작가다. 대대로 벼슬을 한 집안에서 태어났다. 하지만 아버지부터 벼슬이 변변치 못해 가세가 형편없이 기울었다. 재주라곤 글을 읽고 쓰는 것이 다였다. 29세 때 비로소 추천을 통해 미관말직을 얻었다. 벼슬이라 말하기조차 부끄러웠지만 목구멍이 포도청이었으니 이마저도 감지덕지였다. 무려 13년이나 지속되었다. 임무는 마을 대소사와 인구 등을 조사해 상부에 보고하는 일이었다. 그리 중요하거나 어려운 일이 아니었다.

　그는 상부에 보고할 서류를 작성할 때 평소와 달리 동트기 전에 일어났다. 목욕재계하고 의관을 정제한 뒤 연적을 챙겨 집을 나서 풀숲으로 갔다. 야생 국화잎에 맺힌 이슬을 털어 정성껏 연적에 담았다. 어둠이 가시지 않은 데다 물이 흔한데 왜 고생을 사며 이슬을 담았는가? 보고서 작성에 필요한 먹물로 사용하기 위해서다. 이슬을 먹물로 쓴다고?

　이슬은 풀 등 물체에 공기 중 수증기가 응결해 붙어 있는 물방울이다. 수증기는 무색, 무취, 무미의 기체다. 공기 중에는

0.001%가 들어 있다. 수증기는 비교적 불순물이 들어있지 않아 순수한 편이다. 이 수증기가 물체와 닿으면서 생성된 이슬은 불순물이 포함될 수 있으나 극미량이다. 불순물을 무시해도 좋다. 수증기와 별 차이가 없다.

도연명은 국화잎에서 받아온 이슬에 먹을 갈아 만든 먹물을 사용해 보고서를 썼다. 보고서를 작성할 때는 이를 어겨본 적이 없다. 이슬이 순수한 것처럼 상부 보고서도 거짓, 사심, 가감, 편견 없이 있는 그대로, 객관적으로 작성해야 한다고 생각했기 때문이다. 자신이 보고한 자료가 영원한 사료(史料)가 될 수 있다는 믿음도 가세했다. 도연명이 작성한 자료는 순수한 물과 사심 없는 마음의 콜라보레이션(collaboration)이었다.

그가 현령으로 있을 때다. 관청 공전(公田: 국가가 세금을 걷는 토지)에 벼를 심었다. 수확 때 지방 감찰관이 조사하러 온다는 소식을 들었다. 이 감찰관은 부패와 부조리 그 자체였다. 현령들에게 늘 무엇을 무척이나 바라는 일종의 인간말종이었다. 이 감찰관에게 잘 못 보이면 지위고하를 막론하고 세금 폭탄에 맞아 농사가 말짱 도루묵이었다. 아무리 강직한 현령도 감찰관의 교묘한 갈굼에서 벗어나지 못했다. 주변 사람들은 서둘러 융숭한 접대와 푸짐한 선물을 준비하자는 등 부산을 떨었다. 뇌물을 줘 쓸데없이 화근을 만들지 말자는 조언이었다. 그는 한참을 고민하다 한마디 던졌다.

"쌀 다섯 말의 녹봉 때문에 상급자 감독관에게 어찌 허리를 구부릴 수 있겠는가?[我豈能爲五斗米拜腰 向鄕里小兒]"

현령 직무에 떳떳하니 부정부패로 똘똘 뭉친 감찰관에게 알아서 길 하등의 이유가 없다는 강변이다. 하지만 주변 사람들의 권유를 받아들일 수도 없고 무시할 수 없고 고민이었다. 결국 그는 즉석에서 관복을 벗어버리고 고향으로 떠났다. 현령을 시작한 지 꼭 80일이 되는 날이었다. 전원생활을 시작했다. 추호의 불의나 부정과는 타협하지 않는 올곧음과 강직함 그 자체였다.

우리나라 언론은 과연 도연명이 이슬에 먹을 갈아 보고서를 객관적으로 작성하고 불의에 굴하지 않고 과단성을 보인 것처럼 제 역할을 하고 있는가? 공정성과 정론직필에 충실한가? 권력과 금권으로부터 자유로운가? 자신 있게 '그렇다'라고 답할 언론인과 언론이 얼마나 있을까?

부끄럽게도 많은 언론인들이 불의와 부조리와의 대결을 주저하고 있다. 용기가 없거나 금권과 정치권력에 자신이나 회사가 약하기 때문이다. 결정적 순간에는 편집권의 독립도 무색해진다. 언론의 주도권이 펜이 아닌 금권과 정치권력으로 치환된 지 오래다.

언론에 부는 4차 산업혁명의 바람도 언론의 행태를 바꾸고 있다. 편리하다는 이유로 스마트폰과 컴퓨터 등 디지털 기계에 점점 노예가 되어간다. '앉아서 천리를 본다'는 자만에 빠져 현장감이 떨어진다. 역사의 한 시점을 자리 잡지 못한 채 시대정신을 상실하고 있다. 매체 역시 언론인들을 이른바 앵벌이로 내몰며 스스로 저질 언론으로 추락시키고 있다.

기사가 광고 또는 감정에 춤을 추고, 뒤탈이 겁나 왜곡되고, 진실 없는 사실에 근거한다. 엿으로 기사를 바꾸어 먹고, 강요에 의해 혼을 담지 못하고, 흥미위주로 가공돼 한낱 소설이 되고, 정보와 지식이 부족하다. 인터넷 공간의 정보와 지식, 이미 처리된 기사에서 그럴싸하게 심장적구(尋章摘句: 문장 몇 개를 뒤지거나 구절 몇 개를 추려내다)하거나 단장취의(斷章取義: 자신의 생각이나 주장을 대변하기 위해 글쓴이의 원래 의도와는 상관없이 남의 문장 중 일부를 잘라내다)를 일삼는다. 이른바 기자들이 흔히 쓰는 용어로 '우라까이(남의 기사 이곳저곳에 발췌해 적당히 베끼기)'다. 속보에 밀려 진실이 도외시되고, 친구 따라 강남 가는 꼴이 되기 일쑤임을 부정할 수 없다. 어느 누가 그럴듯하게 비약, 과장하면 신속성을 들어 확인을 주저하고 그대로 베껴 쓴다. '레밍(Lemming: 스칸디나비아 반도에 서식하는 나그네쥐. 절벽으로 뛰어내려 자살하는 본능을 가져 부화뇌동하는 모습을 비유함)'에 우리 언론을 비유했던 한 자치단체 의원을 비난만 할 수 없는 현실이다.

과열된 경쟁 역시 언론 본질을 무색하게 하고 있다. 갈수록 늘어나는 방송과 신문, 우후죽순 격인 인터넷 매체 등의 경쟁은 무한이다. 기사 경쟁이 아닌 먹고사는 일에 경쟁이 치중되는 것이 문제다. 사회의 목탁과 같은 품격 있는 기사가 나오겠는가? 목탁이 아닌 몽둥이에 두들겨 맞은 만신창이가 맞지.

불의와 부조리의 감시를 통한 사회정의 실현과 사회통합이 언론의 중요한 역할이다. 다양한 매체와 종류에 따른 무한경쟁 속에 수많은 기사가 양산되고 발굴되고, 심층적이고 다각적인 분석도 이뤄진다. 하지만 반향이 부족한 백가쟁명(百家爭鳴)이어서 아쉽게도 언론의 역할은 현실과 괴리되어 가고 있다. 빗등과 장구통을 연결하는 살의 길이와 굵기가 제 각각 달라 수레가 삐걱거리며 잘 굴러가지 않는 형상이다. 사회통합과 정의실현보다 사회계층 간의 갈등과 사회불안을 조성하고 있다. 우리 언론의 서글픈 현실이다.

　이슬에 먹을 갈아 보고서를 쓰고, 쌀 다섯 말에 스타일을 구길 수 없다는 도연명의 정신을 새겨볼 만하다.

욕정, 그 경계는?

인간은 종족을 번식해야 하는 본능을 지닌 동물이다. 유전인자를 영구적으로 보존하기 위해 인간들은 처절하리만치 집요하다. 물론 아예 포기한 인간들도 없는 것은 아니다. 이 종족번식은 혼자 할 수 없다. 대상으로서 이성(異性)의 존재가 절대적이다. 육체적 관계를 통해 이성의 유전인자를 만나면 된다. 그런데 선결조건은 욕정, 이성에 대한 육체적 욕망이다. 다른 동물의 욕정은 강제적 힘이나 수컷들의 투쟁 논리가 지배하지만 인간은 보다 합의적이고 윤리적 논리가 우선한다.

여하튼 욕정은 인간이면 누구나 느끼는 감정이다. 중요한 것은 이 욕정을 어떤 상황에서, 어떻게, 얼마나 합리적으로 실행하는가이다. 역사적으로 이 욕정을 이기지 못해 패가망신한 인물도 많고, 극도의 인내로 욕정 인내사(忍耐史)를 아름답게 장식한 사람도 많다.

그리스, 페르시아, 인도에 이르는 대제국을 건설해 그리스 문화와 오리엔트 문화를 융합시켜 새로운 헬레니즘 문화를 이룩한 마케도니아 왕(BC 336~BC 323) 알렉산드로스와 그의 스승 아리스토텔레스의 이야기다. 논리학을 창시한 철학자였던 아리스토텔레스가 일시적으로 개코망신했다. 바로 이 욕정을 다스리지 못했기 때문이다.

어느 날, 알렉산드로스 왕자가 절세의 미인이며 고급 접대부 필리스(Phyllis)에 빠져 공부를 게을리 하자 아리스토텔레스는 따끔하게 한마디 했다.

"왕자님, 지나치게 여색을 밝히면 학문과 건강에 나쁜 영향을 미치니 정신 차리셔야 합니다."

이 사실을 안 필리스는 가만히 있을 수 없었다. 아리스토텔레스에게 골탕을 먹여야겠다고 단단히 마음을 먹었다. 몸이 무기였던 그녀는 아리스토텔레스를 유혹하기 시작했다. 미모에 당할 자 없었다. 여자를 멀리하라고 알렉산드로스에게 경고했던 대철학자마저 오히려 여색에 빠져 필리스의 성적 노예가 되었다. 필리스는 여기에 그치지 않았다. 알렉산드로스가 이런 사실을 알도록 손을 써놓아 결국 스승, 아리스토텔레스가 벌거벗은 필리스를 등에 태우고 기어가는 모습을 보게 했던 것이다. 물론 13세기 프랑스에서 꾸며낸 이야기다. 돌불연(突不燃)이면 불생연(不生燃), 아니 땐 굴뚝에 연기가 날까? 일단 사실이라 믿어 보자.

중국 대철학자 아니 세계 4대 성인의 하나인 공자 역시 여색에 빠져 망신할 뻔했지만 지혜로 벗어났다. 송나라 공주 출신의 위나라 왕비인 남자(南子)가 있었다. 본색이 음탕한 남자(南子)는 인의(仁義)의 가르침을 받겠다며 툭하면 공자를 궁궐로 불러들였다. 그러나 공부는 하지 않고 어떻게 하면 공자를 넘어트릴까 머리만 굴렸다. 공자 본인은 말할 것 없고 이를 보는 공자 제자들 역시 어찌할 바를 몰랐다. 南子의 여색에 공자는 마음이 적지 않게 흔들렸다. 南子를 만나면 가슴이 두근거리기도 하고 말도 자유롭지 못했다.

하루는 왕과 南子가 함께 가는 사냥에 초대되었다. 감히 어가를 탈 수 없는 공자는 왕의 허락에 의해 어가에 셋이서 함께 타고 가는 영광을 얻었다. 공자에게 흑심을 품은 南子는 왕과의 갖은 교태로 공자의 마음을 흔들어 놓았다. 아무리 인격이 고매하고 예의범절에 철저한 성인이라도 이를 참기는 어려웠던 모양이었다. 심적인 흥분이 없을 수 없었다.

그럼 우리 선조들은 욕정을 다스렸을까 아니면 휘말렸을까? 조선시대 중종 때 대철학자 화담 서경덕. 그는 아리스토텔레스처럼 여색에 빠지지도 않았고 공자처럼 마음이 흔들리지도 않았다. 제자로 입문해 한수 배우겠다며 주안상을 들고 찾아온 황진이의 온갖 유혹을 단호하게 뿌리쳤다. 서경덕은 전혀 동요하지 않은 채 스승과 제자 관계 그 이상도 그 이하도 아니었다.

황진이 유혹에 얻어걸린 멍청한 인간들도 많다. 조선시대 대제학까지 지낸 문인, 소세양(蘇世讓)이 대표적이다. 당초 황진이와 한 달만 놀기로 친구들과 약속했으나 이를 어기고 더 머물러 있었다. 약속의 파기는 한 달이 끝나 떠나려는 날 황진이가 애달프게 읊은 시 한 수, 「봉별소양곡」 때문이었다. 이 시를 보고 소쇄양의 입에서는 자동적으로 '나는 인간이 아니다[吾爲非人也]'라는 말이 흘러 나왔다.

달빛 아래 뜰 안에 오동은 지고 서리 속에 들국화 누렇게 피었네
[月下庭梧盡 霜中野菊黃]
내일 아침 님 보내면 솟아오르는 정 푸른 물결처럼 끝이 없어라
[明朝相別後 情興碧波長]

10년 동안 벽만 보고 불심을 키워 '살아있는 부처'라 불리던 개성의 천마산 지족선사(知足禪師) 역시 황진이와 욕정에 빠져 급기야 파계했다. 정말 '십 년 공부 도로아미타불'이 됐다. 세종의 서자 영해군의 손자인 벽계수(碧溪水: 본명 이종숙)도 황진이의 유혹에 넘어갔다. 벽계수가 한양을 가던 중 황진이가 갑자기 말을 타고 나타났다. 시조 한 수를 읊었다. 벽계수는 말머리를 돌렸다 한다.

청산리(靑山裏) 벽계수(碧溪水)야, 수이 감을 자랑 마라
일도창해(一到滄海)하면 돌아오기 어려우니
명월(明月)이 만공산(滿空山)하니 수여 간들 어떠리

사실 여부에 논란이 있지만 욕정에 휘말리는 인간에게 훌륭한 경계가 아닐 수 없다.

즐풍거풍(櫛風擧風)

　필자는 산행을 즐긴다. 특히 봄과 여름에는 혼자 갈 때가 많다. 스틱을 반드시 가져간다. 정규 산행로를 한 번은 꼭 벗어나 한 시간여를 웃옷을 벗고 쉰다. 가급적이면 침엽수인 편백나무가 많이 서식하는 산을 자주 간다.

　삼림욕 한자어는 '森林浴'이다. 사전적 의미는 '병 치료나 건강을 위해 숲에서 산책을 하거나 온몸을 드러내고 숲의 기운을 쐬는 일'이다. 이 숲 기운은 무엇일까? '浴'에서 보듯이 물과 관련이 있을듯하지만 물이 아닌 피톤치드(phytoncide)라는 방향물질이다.

　1937년 러시아 상트페테르부르크 대학 생화학자 보리스 토킨(Boris P. Tokin)이 처음 이름 붙인 화학물질이다. 그리스어로 '식물'이라는 뜻의 'phyton'과 '죽이다'라는 뜻의 'cide'가 합해진 말이다. 글자대로 보면 '식물을 죽이다'는 뜻이지만 그런 게 아니다. 나무나 풀 등 식물에서 분비하는 물질이다. 식물도 동물처럼 공격을 받으면 즉각 반응한다. 동물이나 바람 등에 의해 식물 가지가 부러지거나 잎이 찢어질 때, 병원균이나 해충 그리고 곰팡이 등의 공격을 받았을 때 이 피톤치드가 분비된다. 상처를 치료하고 병해충과 싸워 생명을 유지하기 위해서다. 이 물질이 살균과 살충 효과를 갖고 있기 때문이다.

항균성 생체 방어 물질인 피톤치드는 페놀 화합물, 알칼로이드, 글리코시드, 테르펜(Terpene) 등으로 구성되어 있다. 나무나 풀을 벨 때 발생하는 아주 상쾌한 냄새가 바로 '테르펜'이다. 이 테르펜이 강한 살균과 항균 작용을 한다. 등산은 육체적으로 힘든 일이지만 산에 갔다 오면 기분이 상쾌하고 심신이 편해진다. 스트레스가 해소된다. 물론 산은 도심보다 산소 농도가 더 높고 깨끗한 공기여서 그럴 수도 있지만 사실은 바로 이 피톤치드의 성분인 테르펜 때문이다.

좀약의 성분이기도 한 테르펜이 피부 상처의 균을 죽이거나 호흡을 통해 몸속으로 들어가 장과 심폐 등 장내 유해균을 죽이는 기능을 한다. 그래서 아토피성 피부염이나 폐결핵 환자들이 질환 치료를 위해 깊은 숲속에서 옷을 벗은 채 삼림욕을 한다.

조선 후기 선비들 사이에서 여름 무더위 때면 다소 해괴망측한 풍습이 공공연하게 이어져 왔다. 이른바 즐풍(櫛風)과 거풍(擧風)이다.

즐풍. 옛 선비들이 한 여름 무더위 때 즐겨했던 피서법이다. 산속에서 상투를 풀어 머리카락을 헤치고 햇볕과 함께 바람을 쐰다. 삼국시대에 등장한 것으로 전해지는 상투는 머리카락을 올려 빗어 정수리 위에서 틀어 감아 삐죽하게 맨 헤어스타일이다. 한여름 더위에 상투를 튼 모습을 연상해 보아라. 얼마나 더위와 가려움 등으로 답답하겠는가? 그래서 옛 선비들은 한 여름이면 사람의 눈에 잘 띄지 않는 산으로 올라가 햇살이 내리쬐는 땅바닥에 앉아 상투를 풀었다. 손가락으로 머리카락을 헤치며 그 속으로 바람과 햇살이 통하게 했다. 바람과 햇살로 머리카락을 빗은 셈이다. 바람과 햇살은 무더위에 찌든 땀으로 인한 악취를 날려버렸다. 바로 즐풍의 피서법이다.

'즐풍'은 한자어로 '빗 즐(櫛)'과 '바람 풍(風)'이다. '빗과 바람'이 어찌 선비들이 즐겨했던 피서법이 되었는가? 사연은 이렇다. 중국 순(舜)나라 때 우(禹)라는 사람이 양쯔 강에서 손수 삼태기와 삽 등을 들고 비바람을 맞아가며 치수사업을 벌였다. 당시 사람들은 우(禹: 후에 우나라 왕)의 이런 행위를 '즐풍목우(櫛風沐雨)'라 했다. '바람으로 머리를 빗고 빗물로 목욕을 했다.' 치수사업은 시간을 다투는 일이다. 빗으로 머리카락을 빗을 시간도 없고 여유 있게 깨끗한 물에 목욕을 할 짬이 없을 정도로 바빴다. 언제부턴가 '沐雨'가 사라져 '櫛風'만 사용되었다. 우리나라에서는 뜻도 변했다. 다름 아닌 옛 선비들의 피서법으로 말이다.

피서법의 하나인 거풍은 이보다 더 꼴사납다. 거풍은 원래 쌓아 두었거나 바람이 안 통하는 곳에 있어 습기 찬 책과 옷 등 물건을 바람에 쐬어 주고 햇볕에 말린다는 뜻이다. 주로 서고(書庫)에서 봄과 가을 맑은 날에 거풍이 이뤄졌다. 조선시대에는 왕조실록을 보관했던 전주와 충주사고 등에서는 2~4년에 한 번씩 서고의 책을 모두 꺼내 말리는 포쇄(曝曬)행사를 대대적으로 거행했다.

책을 말리는 뜻인 거풍이 언제부턴가 좀 다르게 사용되기 시작했다. 옛 선비들의 피서법이 됐다. 옛 선비들은 폭염을 피하기 위한 목욕이 쉽지 않아 그저 그늘에서 부채 사용하기가 고작이었다. 함부로 몸을 드러내고 시원한 물에 몸을 씻는 것은 선비들이 할 짓이 아니었기 때문이었다. 그러니 사시사철 사타구니는 늘 음습해 악취를 품고 다녀야 했다. 이에 대한 해결책이 바로 거풍이었다. 거풍은 음력 9월 9일(重九日) 전후로 이뤄졌다. 이때가 되면 선비들은 점심을 먹은 뒤 산으로 올라간다. 타인눈에 띄지 않을 깊은 산속으로 들어간다. 서고의 책을 꺼내 펼쳐 바닥에 뉘어놓듯 바지를 벗고 사타구니를 태양 쪽으로 향하고 벌렁 눕는다. 상상 만해도 무척이나 민망스러운 꼴이 아닐수 없다. 하지만 당시 여건으로는 선비들만 들길 수 있는 최상의 피서법이었다. 땀에 찌들었던 곳의 찝찝함을 한방에 날려 버렸던 것이다.

이때 시원한 바람과 햇볕이 땀을 씻어줬지만 오랫동안 음습으로 기생했던 세균들은 과연 무엇이 해결했단 말인가? 바로 피톤치드였다. 물론 선비들이 즐풍, 거풍을 즐길 당시는 피톤치드라는 용어가 없었다. 어떤 성분에 의해 머리와 사타구니의 세균이 박멸된다는 사실도 몰랐다. 사대부들의 파격적인 행동은 경험에서 우러난 지혜였다. 즐풍거풍은 피서는 물론 질병예방까지, 이른바 더블플레이(double play)였다.

필자가 혼자 산에 가는 이유는 옛사대부들처럼 남몰래 나의 몸에 바람을 쐬고 햇볕을 쬐기 위해서다. 피톤치드를 흡입하거나 피부에 닿게 해 몸 내외에 기생하는 균을 제거하기 때문이다. 산에 갈 때 반드시 스틱을 가지고 가는 이유가 있다. 고됨을 덜기 위함도 있지만 마구 휘둘러 풀이나 나무를 상처 내기 위함이다. 식물은 상처가 나야 더 많은 피톤치드를 방출하기 때문이다. 침엽수가 활엽수보다 피톤치드를 2배 이상 방출하고 침엽수 가운데 편백나무가 가장 많이 내뿜는다.

# 마음을 훔치다

상대방 마음을 읽을 수 있다면 나를 둘러싼 세상사가 내 마음대로 되지 않을까? 특히 윗사람이 어떤 생각을 하고 있는가를 알면 출세하고, 닥쳐올지 모르는 위기를 미리 알 수 있다면 위험에서 벗어날 수 있지 않을까? 여하튼 미리 알고 대처한다면 탈이 없음은 분명하다. 이른바 유비무환(有備無患).

많은 사람들은 상대방과 관계를 유리하게 이끌기 위해 표정과 언어 등 각종 정보를 동원해 상대방 마음을 나름대로 해석한다. 그리고 그에 적합한 표정이나 행동을 취한다. 이처럼 정확히 상대방 마음을 맑은 물속 들여다보듯 꿰뚫어 본다고 정말 부처가 만사를 손바닥 안에 넣은 것처럼 될까? 독심(讀心)력을 통해 상황을 유리하게 이끌 수 있는가?

독심과 관련해 생사가 엇갈린 인물들이 있다.

독심에 성공했으나 앞선 행동으로 참수된 중국 삼국시대 위(魏)나라 조조(曹操)의 부하, 양수(楊修)다. 조조가 새롭게 조성한 후궁에 들렀다. 곳곳을 살핀 뒤 대문에 '활(活)'을 쓰고 아무런 설명없이 가버렸다. 건축공들은 '활' 자의 의미를 헤아리기에 골머리를 끙끙 앓고 있었다. 이때 양수가 나타났다.

"대문 앞에 '활'자가 쓰였으니, '門'에 '活'을 넣으면 '闊(활)'이 되지요. '闊'은 '넓다'는 뜻이요. 그러니 주공께서는 이 대문이 너무 넓으니 아담하게 고치라는 의중이 아니겠소."

인부들은 즉각 아담하게 대문을 고쳤다. 조조가 다시 정원을 찾았다. 대문이 '아담 사이즈'로 바뀐 것을 보고 누구 지시에 따른 것이냐고 물었다. 양수임을 알고 조조는 속내가 들킨 것 같아 마음이 영 편하지 않았다.

시간이 흘러 위나라와 촉(蜀)나라가 한중(漢中) 땅을 놓고 싸움을 하던 때였다. 조조는 한중 땅을 '수호할 것인가 내줄 것인가'를 놓고 밤늦도록 고민에 빠졌다. 한중을 촉나라에게 빼앗기는 것은 무척 아깝지만 엄청난 군사력을 축내면서까지 지킬만한 땅이 아니기 때문이었다.

이때 진중(陣中) 요리사가 조조에게 닭갈비 야식을 가져왔다. 막 먹기 시작할 때 심복 하후돈(夏候惇)이 들어왔다.

"주공, 오늘 암구호는 무엇으로 할까요?"

조조는 먹고 있던 닭갈비를 보고 잠시 머뭇거리다 무심코 '계륵(鷄肋: 닭갈비)'이라고 중얼거렸다. 하후돈은 곧바로 부하 양수에게 이 암구호를 전달했다. 양수는 병사들에게 암구호 전달 대신 철수 군장을 꾸리기 시작했고 병사들도 영문도 모른 채 따라 했다. 공교롭게도 조조는 그다음 날 철수 명령을 내렸다. '계륵'

은 사실 먹을 것도 없지만 버리기는 아까운 부위가 아닌가? 양수는 정확히 조조 의중을 파악해 한 발 앞선 행동을 취한 것이다. 조조는 두 번씩이나 자신 마음을 꿰뚫은 양수에게 전율을 느꼈다. 조조는 군기를 흩뜨렸다는 죄를 씌워 한중에서 철수한 뒤 곧바로 양수를 참수했다.

성공적 독심에도 경거망동으로 모가지를 내놓은 또 한 사람이 있다. 중국 춘추시대 정(鄭)나라 대부 관기사(關其思)다. 정나라 무공(武公)은 딸을 호(胡)나라 군주에게 시집 보냈다. 일단 호나라 군주의 환심을 산 뒤 호나라가 정나라에 대해 적대감을 풀게 하고, 그 틈을 타 정벌하기 위함이었다. 그러나 무공은 결혼 이유에 대해 단 한마디도 하지 않아 대부들의 궁금증을 자아냈다. 무공은 딸이 호나라 군주의 사랑을 듬뿍 받을 무렵 신하들에게 물었다.

"이제 영토 확장을 위해 군사를 일으키려 한다. 어느 나라를 쳐야 가장 바람직한가?"

무공이 딸을 호나라 정벌의 미끼로 삼았다는 마음을 알아차린 관기사는 호를 쳐야 한다고 먼저 대답했다. 무공은 한참을 생각하다 관기사 참수를 명했다. '쩍' 소리도 못한 채 관기사의 목은 '뎅강' 하고 땅에 떨어졌다. 부하가 자신 마음을 읽었다는 것은 또 다른 비밀도 알 수 있다. 분명 자신에게 큰 화가 미칠 수 있다고 생각해 관기사를 미연에 제거한 것이었다.

진시황 신하들이 무더기 죽음을 당한 일도 있었다. 진시황이 양산궁에 머물 때 승상 이사(李斯) 행렬이 지나치게 화려한 것을 보고 마음속으로만 몹시 불쾌했다. 이때 한 신하가 언짢아하는 진시황 낌새를 알아차렸다. 그는 곧바로 이사에게 이 사실을 알렸다. 이사는 즉시 자신을 호위하는 병사와 수레 수를 크게 줄였다. 호위대 변화를 감지한 진시황은 자신 의중을 눈치 챈 그 신하를 찾았다. 당시 옆에 있었던 신하들을 모질게 고문했지만 헛수고였다. 진시황은 신하들을 모조리 죽였다.

남의 마음을 읽었지만 살아난 사람도 있다. 제(齊)나라 대부 습사미다. 당시 권력의 최강자였던 전성자(田成子)가 집에 누각을 지었다. 습사미 집의 수 백 년 된 거목이 시야를 가렸다. 전성자는 거목이 없었으면 좋겠다고 생각하면서도 전혀 내색을 하지 않았다. 습사미는 이를 간파했다. 그는 거목을 제거하는 것이 아쉬웠지만 즉시 그 거목을 베라고 명했다. 그는 인부들이 도끼질을 시작하자 갑자기 멈추도록 했다. 그가 짧은 시간이었지만 왕위 찬탈을 위한 전성자의 모사를 눈치챘기 때문이다.

"나무를 베지 않으면 죄가 없다[不伐樹 未有罪也] 말하지 않은 일까지 간파하고 있다는 것을 알면 훗날 죄가 커질지 모른다 [知人之所不言 其罪大矣]"

'왕위찬탈 음모까지 알고 있는 자신을 그냥 놔 둘리 없다'고 습사미는 생각했다. 만약 거목을 베었다면 그도 목숨을 부지할 수 없었음이 분명했다.

　어찌 보면 상대방 마음을 간파하는 것은 중요한 처세술일 수 있다. 반면 이를 눈치 챈 상대방은 오히려 두렵다. 자칫 적과의 동침이 될 수 있기 때문이다. 알아도 적당히 알고, 알면 신중하게 행동해라. 남 비밀을 자신만 안다고 누설하면 구시화지문(口是禍之門)이 될 수 있다. 입은 화를 부르는 문이다. 입속에 도끼가 있기 때문이다.

조작하는 사회

농산물. 경작이나 사육을 통해 얻은 재화의 통칭이다. 농산물을 언제부턴가 농산품이 대신하고 있다. 그렇다면 농산물과 농산품, 어떤 차이가 있을까? 농산물은 자연 상태에서 자라 자연스럽게 제멋대로인 반면 농산품은 재배나 사육과정에 인간이 개입해 규격화되어 있다. 대체적으로 농산물은 곡선이며 둥근 반면 농산품은 직선이며 모났다. 농산물은 개성이 있지만 농산품은 획일적이다. 농산물은 자급자족 혹은 초보적 물물교환 시대의 산물인 반면 농산품은 대량 거래 시대의 산물이다. 대체적으로 농산물은 재배자나 사육자가 소비하는 반면 농산품은 직접 또는 유통구조를 통해 소비자들에게 판매된다.

언제부턴가 농산물이란 용어를 찾아보기 힘들게 됐다. 자급자족을 위해 농사를 짓는 사람들이 드물기 때문이다. 잉여를 파는 것이 아니라 농산품을 대량으로 팔기 위해 농업에 종사한다. 그렇다면 이젠 농부(農夫)가 아닌 농상인(農商人)으로 불러야 맞지 않을까?

농상인은 영리를 추구하기 때문에 작물에 무척 잔인하다. 개화를 억제해 덩치만 키운다(배추). 비닐봉지, 호리병 등 도구를 사용해 크기와 모양을 강제한다(인큐베이터 애호박, 유리병 배). 자연 미생물이 풍부한 땅이 아닌 인공 흙에서, 자연광이 아닌 전등 아래서 속성으로, 다기능으로, 대량으로 재배한다(딸기, 채소 등 과채류). 보관 편의 등을 위해 둥근 모양을 육면체로 키운다(수박, 참외). 울퉁불퉁 고구마도 이젠 예쁘고, 과일 망신의 상징인 모과(木瓜)도 모양새가 원추형으로 뛰어나다. 심지어 수확 작업 편리를 위해 과일 수고(樹高: 사과, 복숭아)와 수형(樹形: Y자형 배나무)까지 인위적으로 통제한다.

자연스럽게 자라야 할 농산물이 인위적 조작에 의해 공장에서 대량으로 찍어내는 공산품(工産品)이나 다름없다. 공산품은 틀에서 생산되는 붕어빵처럼 동일하다. 공산품은 동일 규격에서 벗어나는 것이 허락되지 않는다. 농산물 역시 규격화된 공산품이 되어가고 있다. 크기와 모양이 같고 심지어 성분까지 동일하다. 일정 규격에서 벗어나는 농산품은 농산품의 자격을 상실한다.

왜 인간은 농산물을 공산품처럼 조작하는 것일까? 좀 구부러지고, 흠이 나고, 벌레가 먹고, 볼품이 없고, 크기가 작지만 음식으로 쓸모가 없는 것은 아니지 않는가? 식량은 산술급수적으로, 인구는 기하급수적으로 증가한다는 토머스 맬서스(Thomas Robert Malthus)의 예언을 철저하게 믿고 대비하기 위해서일까? 여하튼 파종, 재배, 수확, 보관, 가공 등 모든 것들이 인간에 의해 조종되고 있다. 제 마음대로 자라지 못하고 있다. 아마 농산물도 무척이나 피곤할 것이다.

농산물에 대한 인간의 조종은 유전자 조작에서 극에 달한다. 유전자를 특수한 효소를 이용해 절단하기도, 연결하기도 한다.

세포 내에서 유전자 수를 증가시키는 첨단기술이다. 이전에 하늘과 대지에 의존했던 농사가 아니다. 이제 농사는 기계화와 과학화된 농산품 제조업이라 해야 옳다.

인위적으로 조작되는 것은 농산물만 아니다. 인간도 마찬가지다. 바로 성형수술이다. 어느 한 성형외과 병원에서 한때 기발한 홍보 문구 현수막을 보란 듯이 내걸었다.

"어머님 날 낳으시고, 원장님 날 만드셨네."

많은 사람들은 물론 동료 의사들마저 이를 보고 혀를 찼다. 아무리 돈벌이가 중요해도 인술은 온데간데없고 상술만 남은 세태를 씁쓸해했다. 곳곳에서 비난이 일자 그 성형외과는 슬그머니 현수막을 내려야만 했다고 한다.

왜 인간도 조작되는 것일까? 아름다움에 대한 욕망이 끝이 없기 때문이다. 곳곳에 성형외과들이 증가하고 있다. 다른 전문의들도 성형외과를 추가하고 있다. 다른 의원보다 간판도 크고, 모양새도 화려하고, 특이하다. 눈에 잘 띄기 위해서다. 사실 외모 지상주의가 극에 달해 있는 요즘 풍토를 '부적절하다'고 비난만 할 수는 없다. 남들보다 멋있고 아름답게 보이고 싶어하는 인간의 욕심을 어찌하겠는가? 하지만 인공미가 자연미보다 반드시 좋단 말인가? 묻지 않을 수 없다.

이제 부모가 낳아 주신 모습을 찾아보기 힘든 세상이다. 특정인 미를 기준으로 성형수술을 하다 보니 닮은꼴 인간들이 즐비하다. 코도 높이고, 쌍꺼풀도 만들고, 사각턱과 주걱턱도 둥글게 하고, 주름살과 점도 제거하고 등등 웬만한 수술 모두 가능하다. 원하면 모두 바꿀 수 있다. 머지않아 멋있고 세련되고 아름다운 인간들만 존재할지 모른다. 농산물이 농산품이 되어 같은 규격으로 생산되는 것처럼 인간도 최고 아름다움으로 조작이 가능하기 때문이다.

그러나 조작된 모습에는 본모습의 내, 외적인 자연스러운 아름다움이 없다. 표정이 없는 조각상을 빚은 듯하다. 인간이 아닌 공산품이라 하는 것이 맞다.

얼굴 형태를 성형수술로 서로 완전히 뒤바꾼 사례도 있다. 주변 사람은 물론 아내도 감쪽같이 속았다. 물론 영화(Face Off: 1997년 미국, 존 트라볼타, 니콜라스 케이지 주연) 이야기이지만 현실로 거의 다가온 느낌이다.

농산물과 인간이 조작되는 까닭은 본질보다 존재가 우선시 되는 사회풍토 때문이다. 존재는 사실이나 반드시 진실은 아니다. 인위(人爲)적인 것은 아름다움도 아니고 참[眞]은 더욱 아니다. 사람이 하는 것은 거짓이다. '위(僞)'는 사람 '인(人)'과 할 '위(爲)'가 합쳐진 글자로, '거짓 혹은 속이다'라는 뜻이다. 사람이 농산물을 농산품으로 만들고, 태어난 모습을 조각처럼 빚는다. 겉으론 모양새가 있지만 인위적으로 조작된 것은 진실과 본성을 상실했다. 농산품도, 조작된 인간도 진실이 사라진 허위(虛僞)다. 이런 인간으로 구성된 사회구조 역시 허위다. 사람이고 농산물이고 본질이 훼손되고 존재방식의 고유성이 사라지고 있다.

손지우손(損之又損), '덜고 또 덜어야 한다'는 노자의 주장은
허위로 엮인 사회구조로부터 벗어나 자연스러운 진실을 추구하
자는 말이다. 자연이 준 것을 그대로 먹고 부모가 낳은대로 살
아보자. 손대지 말고.

텅 빈 판도라 상자

고진감래(苦盡甘來). '고생 끝에 낙(樂), 즐거움이 온다. 인내는 쓰고 열매는 달다.'란 뜻이다. 정말 고생이 끝나면 즐거움이 찾아오는가? 그렇다면 고생은 언제 끝나나? 아니, 고생이 끝나기는 끝날 것인가? 우문에 불과하지만 묻지 않을 수 없다. 돌아가는 현실이 늘 고생이기 때문이다. 죽음을 맞이한 사람들에게 '감래'했냐고 물으면 대부분 '아니다'다. 평생 고생을 참아가며 '즐거움, 열매'를 기다렸지만 허사였다는 얘기다. 그렇다면 '고진감래'란 빛 좋은 개살구란 말인가? 우는 아이 젖 주는 식의 사탕발림일까? 도대체 누가 감히 만물의 영장을 대상으로 사기를 친 것인가?

사기범은 시공간적으로 너무나 멀고 먼 그리스 신, 제우스다. 어찌해서 인간이 제우스에게 사기를 당했는가? 제우스는 그리스 신화에서 주신(主神)이다. 크로노스와 레아 사이에서 태어났다. 제우스는 형제들이 많았지만 유독 신을 다스리는 절대 권력을 가졌다. 감히 어느 신도 제우스를 거역할 수 없었다.

신의 세계에 사건이 터졌다. 신들이 소중히 여기고 신만이 소유할 수 있는 불이 인간에게 전해지자 제우스는 대노하며 인간에게 불을 전파한 범인 수색에 나섰다. 아뿔싸! 범인은 제우스와 사촌인 프로메테우스(Prometheus)였다. 그는 신의 종족인 티탄(Titan: 거신)족으로 제우스의 삼촌, 이아페토스(Iapetos)의 아들이다.

제우스가 우려했던 대로 인간은 불의 사용으로 문명을 발전시켜 생활이 편리해졌다. 인간의 삶은 갈수록 행복했다. 신의 지배로부터 점점 멀어져 갔다. 반면 프로메테우스는 불을 훔친 죄로 엄청난 처벌을 받아야 했다. 코카서스 바위에 쇠사슬로 묶여 부리가 쇠로 된 독수리에게 간을 쪼이는 벌을 받아야 했다. 제우스의 분노는 여기서 그치지 않았다. 인간도 가만히 내버려둘 수 없었다. 인간에게 벌을 주는 데는 보다 치밀한 전략이 필요했다. 우선 제우스는 대장장이 신, 헤파이스토스(Hephaistos: 아프로디테 남편)를 시켜 진흙으로 최초의 여성을 만들게 했다. 판도라(Pandora)였다. 헤파이스토스는 그의 아내를 모델로 판도라를 빚어 판도라의 미모는 가히 대단했다. 제우스는 프로메테우스 동생, 에피메테우스(Epimetheus)에게 판도라를 주었다.

프로메테우스는 '먼저 생각하는 자'다. 그는 동생에게 제우스가 주는 선물, 판도라를 절대 받지 말라고 신신당부했다. 제우스가 판도라를 동생에게 준 데에는 분명 저의가 있다고 미리 짐작했기 때문이다. 하지만 '뒤늦게 생각하는 자'인 동생은 미모에 반해 판도라를 덥석 아내로 삼았다. 제우스는 의도대로 되자 이번에는 아들인 헤르메스(Hermes)를 시켜 판도라에게 상자 하나를 선물했다. '절대 열지 마라'는 단서를 붙였다.

판도라는 아이를 낳고 잘 살고 있었다. 하지만 안달이 나 견딜 수 없었다. '상자에 무엇이 들어 있기에 절대 열지 마라 했지?' 제우스의 엄명 때문에 상자 개봉에 엄두도 내지 못했다. 때가 왔다. 남편이 아이와 함께 산책을 나갔다. 판도라는 주변에 아무도 없자 상자를 열었다. 불행, 고통, 악, 질병, 전쟁 등 온갖 재앙이 빠져나왔다. 그동안 평온했던 인간 세계 곳곳이 아비규환이었다. 판도라는 급히 뚜껑을 닫았으나 그 재앙들은 아직도 사라지지 않은 채 세상을 떠돌고 있다.

판도라 상자가 열렸을 때 희망은 미처 나오지 못했다. 재앙에서 벗어나려면 상자를 다시 열어 희망을 꺼내면 된다. 문제는 판도라가 상자를 더 이상 열지 않는다는 점이다. 제우스의 명령도 명령이지만 판도라는 상자에 희망이 들어있는지 모른다. 헤르메스가 상자 안에 무엇이 들어있는지 알려주지 않았다. 오히려 판도라는 상자 안에 더 큰 재앙이 들어있다고 믿고 있다.

희망이 상자에서 나오면 인간의 재앙과 불행은 사라진다. 여기서 문제가 발생한다. 인간이 불행에서 벗어나 행복해지면 신의 권위나 권력이 도전을 받는다. 우선 인간은 신을 경배하지도, 믿지도 않을 것이다. 제사도 지내지 않고, 신탁도 받지 않을 것이다. 신의 영역을 침범해 맞장 뜨는 일도 벌어질 것이다. 이런데도 제우스가 인간에 희망을 주겠는가? 절대 아니다.

어떤 이유로든 인간은 희망을 기대만 할 뿐 희망을 실현시켜서
는 안 된다. 고통에서 벗어나 행복해서는 안 된다. 고통과 불행을
참고 살면 언젠가는 행복이 찾아온다는 믿음만을 인간에게 확신
시키는 것이 제우스의 할 일이다. 제우스는 아주 야비하게 인간
의 불행과 고통을 즐기고 있는 셈이다. 제우스는 주신답지 않게
무척 잔인한 신이다.

인간은 희망을 절대 꺼내지도, 상자 뚜껑이 열려 희망이 스스
로 나오지도 못한다. 인간은 고통의 연속이다. 인간은 억울하다.
프로메테우스에게 불을 요구하지 않았다. 아예 불조차 몰랐다.
벌을 받으려면 프로메테우스만으로 충분하다. 더욱이 프로메테
우스는 충분한 벌을 받고 형 집행이 정지되었다. 하지만 아무 죄
없는, 있다면 불을 가지고 문명을 발달시킨 죄 밖에 없는 인간은
아직도 고통과 불행에서 벗어나지 못하고 있다. 벌을 받고 있다.
불공평하지 않는가? 조카는 봐주고 신을 경배하는 인간은 흑싸
리 껍데기만큼도 알아주지 않고 있다.

희망은 인간에게 삶의 원천이자 고통을 견딜 수 있는 활력소인
반면 신에게는 재앙이다. 하지만 실상은 이와 반대다. 희망은 인
간에게 재앙이고 신에게 행복이다. 희망 때문에 인간은 그저 잘
될 가능성만 맹신한다. 지나친 낙관론에 빠져 현재 고통과 불행

168

을 참고 산다. 그렇게 살다 희망은 맛도 보지 못한 채 죽는다. 반면 신은 희망의 존재를 알려만 줄 뿐 절대 주지 않는다. 인간은 희망을 손에 쥐면 신으로부터 해방이고, 희망의 존재만 알면 신의 지배를 받는다.

판도라가 에피메테우스와 결혼한 것도, 판도라가 상자를 연 것도, 희망이 빠져나오지 못한 것 모두 제우스의 각본이었다. 애초 제우스는 상자에 희망을 넣지 않았다. 희망을 넣었다 하더라도 실현 가능성이 없는 희망이다. 인간을 영원히 신의 지배 아래 붙잡아 두기 위해서다. 이제 판도라 상자는 텅 비었다. 그래서 인생은 생로병사의 고통인가 보다. 판도라의 헛된 호기심 때문에 인간은 태어나서 자라고 병들고 죽는다. 희망은 '허공 속에 묻어야만 될 바람'인지도 모른다. 희망은 이데아(Idea)다. 이데아는 현실의 본질과 원형으로 현실 너머에 있다. 절대 우리는 이 희망을 건질 수 없다.

'판도라 상자는 인간에게 희망을 주었다. 하지만 그 희망은 최악의 불행이고 재앙이다. 희망은 곧 재앙의 연장에 불과하다.' 니체의 말이다.

제3장

지식을 찾아서

가을이 오면

천고마비(天高馬肥). 가을의 대명사요, 독서를 권장하는 최고 사자성어로 대접받고 있다. '하늘은 높고 말이 살찐다.' 가을은 덥지도 춥지도 않은 데다 사계절 가운데 날씨가 가장 맑고 햇살이 부드러워 책 읽기에 안성맞춤이기 때문인 듯하다. 하지만 이 천고마비는 본질과 형태가 변형되어 사용되고 있다는 사실을 아는가? 원형은 '추고새마비(秋高塞馬肥)'다. '가을 하늘이 높고 변방의 말이 살찐다.'는 뜻이다. 이처럼 독서와는 전혀 관계없는 말이었다.

이 말의 탄생 시기는 7세기쯤 중국 당나라가 흉노족과 한바탕 전쟁을 치를 때로 거슬러 올라간다. 시인 두심언(杜審言)이 전장에 나간 친구에게 보낸 시에 처음 나온다. 그는 중국 시성(詩聖), 두보(甫) 할아버지다. 그가 뭔 사연이 있기에 이런 표현을 했을까? 깊이 들어가 보면 사연이 다소 애달프다.

당시 북방에는 유목민족인 흉노족이 살고 있었다. 이른바 오랑캐다. 이들은 이름값을 하기라도 하듯 가을 수확철이면 겨울 준비를 위해 남쪽으로 내려와 노략질하기에 분주했다. 당나라도 이들의 사정권에서 벗어나지 못했다. 당나라 북쪽 변방은 일종의 참새들의 방앗간이었다. 참다못한 당나라 중종(4대 황제, 측천무후 아들)은 드디어 군대를 보내 흉노족 토벌에 나섰다. 이때 두

심언의 문장사우(文章四友), 소미도(蘇味道)가 참전했다. 오랑캐를 토벌하고 곧 돌아온다던 소미도는 한 해 두 해가 지나도 돌아오지 않았다. 두심언은 친구가 오랑캐를 깔끔하게 토벌하고 하루빨리 돌아오기를 학수고대하는 것 이외에 할 일이 없었다. 그는 이런 심정을 「증소미도(贈蘇味道)」란 시에 담아 친구에게 보냈다.

구름은 깨끗한데 요사스런 별이 떨어지고[雲淨妖星落]
가을 하늘이 높으니 변방의 말이 살찌는구나[秋高塞馬肥]
말안장에 의지해 영웅의 칼을 움직이고[馬鞍雄劍動]
붓을 휘두르니 격문이 날아온다[搖筆羽書飛]
-『한서』

'구름이 깨끗하고 요사스러운 별(妖星: 전쟁이 발발할 때 나타나는 혜성)이 떨어지고, 가을 하늘이 높으니 변방 말이 살찐다'는 전쟁이 끝나 변방의 평화스러움을 말한다. 특히 '새마비(塞馬肥)'는 '변방의 말이 전쟁에 나서지 않은 채 여물만 먹으니 살이 찐다'는 의미다. '말 안장에 의지해 영웅의 칼을 움직이고 붓을 휘두르니 격문이 날아온다'는 승전보를 알리며 친구가 속히 당나라 수도 장안(長安)으로 돌아오길 바라는 심정을 간절하게 담고 있다.

이 시 가운데 '추고새마비'가 바로 '천고마비' 어원이다. 언제부턴가 추고새마비가 중국에서 '추고마비'로, 우리나라에서 '천고마비'로 바뀌었다. 의미도 '아주 좋은 가을 날씨'로 변했다. 이 과정에서 독서가 한자리 추가됐다. 날씨가 좋으면 책 읽기도 편리하고 좋아 아마도 글깨나 읽는 사람이 독서를 끌어다 붙였던 게다. 이후 독서 하면 상징어로 천고마비가 빠지지 않았다. 이렇게 형태와 의미가 바뀐 '천고마비'는 시기적으로 가을이다 보니 뜻하지 않은 사촌도 생겼다. 등화가친(燈火可親). '가을밤은 시원하고 상쾌하므로 등불을 가까이해 글 읽기에 좋다.' 신량등화(新涼燈火). '가을의 서늘한 기운이 처음 생길 무렵에 등불 밑에서 글 읽기가 좋다.' 중국 당나라 문학자이자 사상가인 한유(韓愈)가 아들에게 보낸 시, 『부독서성남(符讀書城南: 성남에서 글을 읽는 아들 符에게)』에 나오는 말이다.

계절은 가을이라 장맛비 개고, 새로이 시원한 기운 들판에 들어오니[時秋積雨霽 新涼入郊墟] 등잔불 점점 가까이할 만하고 거뒀다 펼 만도 하구나[燈火稍可親 簡編可卷舒]

천고마비! 어원이야 어떠하든 가을은 말이 살찌는 등 식욕의 계절이 아니라 독서를 통한 지식으로 머리를 살찌우는 계절이라고 해석해야 한다. 식탐에 빠져 먹기에만 치중하는 현대인들에게 울리는 경종(警鐘)이다. 지식과 지혜가 농축된 책이 갈수록 천덕꾸러기 신세로 전락하고 있지 않나 걱정스러울 때가 많다. 인간들이 두뇌가 퇴화되는지도 모른 채 마냥 편리하다는 이유로 기계문명에 빠져 살기 때문이다. 시각매체가 영상매체와 음성매체에 밀려 존립위기를 맞고 있다. 정보와 지식 습득은 스마트폰과 인터넷 등 기계매체에 의존하고 있다. 삶이 스마트폰과 컴퓨터로 통할 정도다. 그러나 컴퓨터 등은 눈의 피로와 함께 인식능력이 종이매체에 비해 20여 % 떨어진다고 한다. 마냥 좋아할 것만은 분명 아니다.

독서를 하지 않는 사람들은 늘 '시간이 없어서', '습관이 안돼서', '책만 보면 곧 졸려서' 등등 수 많은 핑계를 댄다. 물론 '더워서 혹은 추워서'도 핑계에서 빠지지 않는다. 차라리 그냥 '읽기가 싫어서'라고 하는 것이 오히려 부끄럽지 않다. 이러함에도 '취미가 무엇이냐?'고 쓰라면 '독서'가 가장 많다.

갈수록 사회구조는 복잡다단해진다. 이런 사회구조에서 생존해야만 하는 우리 머릿속 역시 뒤죽박죽일 수밖에 없다. 전후좌우, 선악, 옳고 그름 등의 구별이 혼란스럽다. 무엇이 이 혼란을 말끔히 정리해줄 것인가? 재력도, 권력도, 권위도 아니다. 그저 손에서 책을 놓지 않는 수불석권(手不釋卷)이다.

독서는 탐정가가 사건 실마리를 풀어나가는 고도의 정신적 추리와 같다. 책은 사건, 독서는 탐정이다. 사건을 파헤치는 탐정가들이 사건에 몰입하듯 독자 역시 책 내용에 빠지지 않으면 실마리, 이른바 보물을 찾을 수 없다. 사건은 장소를 정해놓고 터지지 않는다. 탐정 역시 장소를 가리지 않는다. 경우의 수를 다 챙긴다. 독서 역시 경우의 수를 다 챙겨야 한다. 단 한 줄이라도 읽을 수 있으면 장소를 가리지 말고 그대로 실행하라. 언제 어디서든 몰입해서 책을 읽으라는 얘기다.

처서의 운명

처서(處暑). 24절기의 하나로 입추와 백로 사이에 든다. 이때쯤이면 기승을 부리던 무더위도 한풀 꺾이면서 조석으로 제법 선선한 바람이 불어오기 시작한다. 논둑이나 산소의 풀을 깎았다. 처서 이전에 풀을 베면 다시 자라지만 그 이후에는 자라지 않기 때문이다. 처서가 지나면 모기도 입이 삐뚤어져 사람을 물지 못한다. '처서에 비가 오면 항아리의 곡식이 준다.'는 속담도 있다.

처서의 '處'는 '휴식하다, 머무르다'의 뜻이다. '暑'는 '덥다'를 의미한다. 처서는 무더위가 머무르거나 쉬고 있음이다. 여름이 끝나고 가을로 접어드는 계절의 전환점이다. 한때 이 '처서'가 '조서(徂暑)'로 바뀌었던 불운한 역사를 가지고 있음을 아는가? 사연은 이렇다.

때는 조선 10대 왕 연산군 시대. 연산군은 사림파를 죽인 무오사화(1498년)와 어머니 윤 씨의 폐비사건에 관련된 사람들을 모조리 죽인 갑자사화(1504년)의 장본인이며 희대의 독재군주다. 후궁 장녹수(張綠水)에 빠져 흥청망청 거렸던 인물이다. 그의 폭정이 극에 달하자 신하들은 도끼를 등에 진 채 죽음을 무릅쓰고 상소를 올리기[持斧上疏] 시작했다. 당시 환관 김처선(金處善)이 있었다. 그는 성종 때 종이품 문무관의 가정대부(嘉靖大夫)에

해당되는 내시부의 최고 자리까지 올랐다. 연산군은 그가 아버지 성종의 측근이어서 폐비 윤 씨 사건의 관련자로 보고, 얻어걸릴 때만 기다리고 있었다. 기회가 왔다. 1504년 7월 16일 궁중 연회가 열렸다. 얼마 가지 않아 고주망태가 된 연산군의 모습에서 군주의 품위를 찾아볼 수 없었다. 체통머리라곤 조금도 없었다. 김처선은 더 이상 연산군의 꼴을 두고 볼 수 없는 데다 자신도 술에 취해 세치 혀로 연산군에게 한 방 날렸다. 이 한 방의 직언이 '처서'의 명칭을 잠시 바꾼 실마리가 됐다. 당시 연회에서 있었던 연산군과 김처선의 대화가 『연려실기술(練藜室記述)』(이긍익 著)에 실려 있다. 먼저 김처선이 연산군에게 감히 한마디 했다.

"이 늙은 놈이 네 분(단종~성종)을 섬겼고, 경서와 사서에 대강 통하지만 고금에 전하처럼 행동하는 이는 없었습니다."

그렇지 않아도 처선을 생선가시로 여겼던 폭군에겐 절호의 꼬투리였다. 연산군은 한마디 대꾸 없이 일단 기다렸다는 듯이 활을 당겨 그의 갈빗대를 쏘았다. 가슴을 움켜쥐고 괴로워하던 김처선에게 오히려 한 번 더 활시위를 당겼다.

"대신들도 죽음을 두려워하지 않는데 이 미천한 내시가 감히 죽음을 아끼겠습니까? 다만 전하의 앞날이 한스러울 뿐입니다."

이에 격분한 연산군은 화살을 더 쏘아 고꾸라지게 했고 신하들에게 그의 다리를 끊으라고 한 뒤, 그에게 '일어나라'고 명했다. 김처선은 죽음의 사자가 눈앞에 어른거렸지만 한 치도 물러나지 않았다.

"전하께서는 다리가 부러져도 걸어 다닐 수 있습니까?"

분노가 극에 달한 연산군은 순간 '입은 곧 재앙의 문이요, 혀는 곧 몸을 자를 칼이다(口是禍之門 舌是斬身刀)'란 중국 당나라 시인, 풍도(馮道)의 설시(舌詩)가 떠올랐다.

"감히 어느 안전이라고 네 놈이 혀를 놀리느냐? 여봐라, 저놈의 혀도 잘라 버려라."

다리에다 혀마저 잘린 김처선은 더 이상 생명을 유지할 수 없었다. 문제는 연산군의 노여움이 여기서 끝나지 않았다는 점이다. 워낙 폭군이었던지라 이 형벌로는 성이 차지하지 않았다. 그의 재산을 몰수하고, 집을 헐어 연못으로 만들었다. 이름에 '처(處)' 자가 들어간 사람은 모조리 개명토록 했다. 본관지, 전의(全義: 지금 세종시)도 없애 전의 김 씨가 일시 사라졌다. 7촌까지 연좌시켜 처형했고, 부모의 무덤까지 부관참시(剖棺斬屍)했다. 이역시 만족할 수 없었다. 심지어 각종 공식 문서에 '처' 자 있으면 바꿨고 앞으로 절대 사용하지 말도록 했다. 궁중 가면극 처용무(處用舞)도 풍두무(豐頭舞)로 바꿔야하는 비운을 맞았다. 연산군은 '처' 자만 보아도, 들어도 몸서리 쳤던 것이었다.

이날 죽음을 맞이한 김처선은 연회에 참석하기 전에 가족 친지들을 불러 모은 뒤 '나는 오늘 반드시 죽는다.'라고 말했다고 전해진다. 죽음을 각오하고 직언을 서슴지 않았던 보기 드문 충신이었던 것이다.

이런 와중에 음력 1505년 7월 14일 '처서'가 돌아왔다. 김처선이 죽은지 꼭 이틀이 모자란 1년이 되는 날이었다. 처서의 '처' 역시 김처선의 '處'와 같은 글자다. 연산군이 가만히 있을 리 만무였다. 처서라는 말을 듣자마자 알레르기 반응이 일어 즉시 바꾸라고 명했다. 불호령에 신하들은 언감생심 거역할 수 있겠는가? 신하들은 고민에 고민을 거듭했다. 옥편을 쥐 잡듯 뒤졌지만 대체할 마땅한 글자를 찾을 수 없었다. 구슬땀을 흘려 사막에서 바늘 찾듯 당시 중국에서조차 흔하지 않는 글자를 찾아냈다. 바로 '조(徂)'다. '조'는 '가다', '막다', '저지하다', '죽다'는 의미다. '조서'는 '더위를 막고 저지하다', '더위가 죽다'라는 뜻이다. '죽어 가는 더위'란 셈이다.

중국 주나라 때 처음 사용되었다고 알려진 24절기 중 '처서'는 졸지에 '조서'로 바뀌어 불리는 어처구니없고 황당무계한 일을 당했던 것이다. 중종반정(1506년 9월 2일)으로 연산군의 폭정이 막을 내리자 곧바로 '처서'는 제 이름을 되찾았다. '처서'는 단 한 번 '조서'가 됐던 셈이다. 중국에서 시작해 삼국시대 이후 우리나라에서도 적용된 피휘법(避諱法: 임금, 성인, 조상 등의 이름자를 사용하지 하는 않는 법) 사례다.

손에서 책을 놓지 않다

수불석권(手不釋卷). '손에서 책을 놓지 않는다'는 뜻이다. 책 읽기에 불리한 여건에도 배우기를 좋아하는 사람은 항상 책을 가까이 두고 읽는 것을 가리킨다. 수불석권의 주인공은 중국 후한 초대황제 광무제(光武帝, 본명 유수:劉秀)다. 밤새 책을 읽고 있던 광무제를 보고 아들, 명제가 묻는다.

"그렇게 책을 밤새워 읽으면 힘들지 않으신지요?"
"독서를 하는 것이 너무 즐거운데 힘이 들겠느냐?"

광무제는 전한(前漢)의 반란군을 격파하면서도 늘 손에서 책을 떼지 않고 독서를 게을리 하지 않았다고 전해진다. 어딜 가도 어디에 있다 해도 늘 손만 뻗치면 닿을 수 있는 곳에 책을 두고 있었다고 한다. 이를 두고 후세인들은 '수불석권'이라 했다. 손 수(手), 아니 불(不), 내놓을 석(釋), 책 권(卷).

그 후 200여 년 뒤 오(吳)나라 황제 손권은 장군 여몽(呂蒙)을 볼 때마다 힘만 세지 학식이 부족한 게 늘 안타까웠다. 어느 날, 손권은 광무제 일화를 들어 여몽에게 일침을 놓았다.

"광무제는 변방 일과 정사로 바쁜 가운데에서도 늘 손에서 책을 놓지 않았다고 하네. 그런데 여몽, 자네가 책 읽는 것을 보지 못했네. 더욱이 학식도 부족한 것 같네. 전쟁에서 승리하는 것은 힘보다 학식이라네. 그러니 책 좀 읽게."

전쟁에서 세운 공로로 장수에서 장군으로 승진한 여몽은 체면이 말이 아니었다. 만회하기 위해선 이를 악물고 책을 읽는 방법밖에 없었다. 여몽은 전장에서도 틈만 나면 책을 읽었다. 몇 해가 지났다. 어느 날, 손권의 책사(策士)인 노숙(魯肅)이 친구 여몽을 만났다. 예전과 다른 여몽 모습에 노숙은 놀라지 않을 수 없었다.

"여몽! 아니 어찌 된 일인고? 이렇게 달라지다니!"
"노숙! 선비가 헤어졌다가 삼일이 지나 다시 만나면, 눈을 비비고 볼 정도로 새롭게 변한다고 하지 않는가?[士別三日 刮目相對]"

평생 책과 함께 했던 중국 송나라 시인 육유(陸游) 말이 걸작이다. 수불석권(手不釋卷)이 아닌 체(體)불석권이다. 몸에서 책이 떨어질 새가 없었다.

"책에 파묻혀 살다 보니 세상일을 잘 모를 때도 있네. 바깥 구경 잠시 하고 싶어도 어지럽게 널브러져 있는 책들에 포위돼

나가지 못할 때도 있네. 이것이야 말로 아늑한 책의 둥지[서소: 書巢]가 아닌가?"

중국 장개석과 모택동 역시 수불석권을 몸소 실천했다. 이들 모두 전장에 있을 때조차 손에서 책을 놓지 않았다. 장개석은 죽을 때까지 사서삼경 가운데 가장 난해한『주역』을 끼고 살았다. 모택동은 학교 수업이 끝나면 도서관으로 달려가 사서를 탐독했다. 특히『자치통감』을 죽는 순간까지 옆에 끼고 치국평천하의 기본서로 삼았다. 『자치통감』을 평생 동안 무려 17번을 읽었다 한다.

우리나라도 수불석권 주인공이 많다. 먼저 세종대왕. 눈병에 걸렸지만 책 읽기를 게을리 하지 않았던 세종은 집현전 학자 등 고급 관리들에게 일 년 동안 휴가를 줬다. 이른바 사가독서(賜暇讀書)다. 집현전을 1년여 동안 떠나 집 등에서 자유롭게 책을 읽을 수 있도록 한 일종의 안식년제다. 독서를 통해 지식과 지혜의 에너지를 충전하는 데 목적이 있다. 심지어 세종은 휴가 시 학자들이 글 읽기에만 전념할 수 있도록 별도의 독서당(讀書堂)까지 지었다.

"독서하는 종자가 끊이지 않게 하라."

조선 중기 영의정출신 김수항(金壽恒) 가문의 유언이다. 이 수불석권의 유언이 3대째 이어졌다 한다. 조선 정조 때 서얼 출신

이덕무(李德懋)도 수불석권으로 따지면 타의 추종을 불허한다. 오죽하면 자신을 간서치(看書痴)라 했겠는가? '책만 보는 바보'라는 뜻이다. 책만 읽은 덕분에 서얼 출신으로는 불가능했던 초대 규장각 검서관이 됐다. 추위에는 책을 이불삼아 덮고 잤으며 등잔불에 부는 바람을 책으로 막으면서 책을 읽었다. 조선 실학파로 이덕무와 학문적 교우였던 박지원은 이덕무가 평생토록 읽은 책이 거의 2만 권이 넘는다고 했다.

책이 주변에 있으면 읽게 된다. 어찌 보면 가장 쉬운 것이 책 읽기다. 그냥 다른 사람이 써놓은 글씨를 읽으면 되니까. 과거 여행을 통해 이 사람 저 사람을 만나고, 다시 볼 수 없는 풍경도 보고, 재현할 수 없는 작가의 과거 아우라(aura)도 느낄 수 있다. 책이 타임머신이다. '어디서나 책 읽기를 멈추지 마라. 어디서나 배움을 멈추지 마라[何處 不可讀 何處 不可學]' 퇴계 이황의 가훈이다.

하루에도 수십 권의 책이 태어난다. 서점과 도서관에는 진정한 주인을 기다리는 책들이 빼곡하다. 하지만 주인 잃은 책들이 즐비하다. 빛도 보지 못한 채 책장 구석에서 죽어간다. 책과 사람의 거리가 너무 떨어져 있다. 시간이 없다고 핑계를 대지 마라. 정말 시간이 없으면 밥 먹고 잠자는 시간이라도 줄여라. 언제라도 책은 당신들을 기다리고 있다.

책 읽는 즐거움

조선 장헌(莊獻) 세자[사후 사도(思悼)]가 세자익위사 부솔(世子翊衛司 副率: 조선시대 왕세자를 모시고 경호하는 일을 맡았던 관청의 관리 또는 세자의 스승)을 그만두고 낙향하는 이의경(李毅敬)에게 써 준 감사의 시가 있다.

즐거움 중에는 책 읽기가 최고요, 천금은 귀중하지 않지만 만민은 귀중하다[最樂之中讀書樂 千金不貴萬民貴]

장헌세자의 독서에 대한 가치 인식과 애민사상을 엿볼 수 있다. 그런데 미치광이 등 탕아로 알려진 세자가 책 읽기를 최고 기쁨으로 생각하고 백성을 사랑한다는 시를 썼다니 다소 의아하지 않을 수 없다. 이를 사실로 믿을 자가 있을까? 오히려 이의경이 세자에게 이 같은 시를 써 주었다면 모를까?

하루는 영조가 장헌세자를 만났다. 얼마나 열심히 공부하고 있나 확인하기 위해서다. 신하들도 배석했다. 영조가 먼저 입을 열었다.

"책을 읽는다고 약속을 했는데 잘 지키고 있겠지. 어디 한번 중용 서문을 외워 보거라."

"중용은 무엇을 위해 지었는가? 자사께서 도학이 전해지지 않을 것을 우려해 지으신 것이옵니다[中庸何爲而作也? 子思子憂道學之失其傳而作也]"

세자는 짧지 않은 중용의 서문을 거침없이 한 자도 틀리지 않게 줄줄 외워 나갔다. 영조는 참으로 대견하게 여겼지만 아직 이것으로 만족하지 않았다.

"제1장 본문도 외울 수 있느냐?"

"하늘이 명한 것을 성이라 하고 성에 따른 것을 도라 하고 도를 닦는 것을 교라 하옵니다[天命之謂性, 率性之謂道, 脩道之謂敎]"

이번 역시 무사히 통과했다. 영의정 등 신하들도 예기치 않은 세자 답변에 놀라지 않을 수 없었다. 여기까지는 좋았다. 사달은 다음에서 일어났다. 좀 더 사고력을 요하는 질문으로 이어졌다.

"상지(上智: 가장 뛰어난 지혜를 가진 사람)에게도 인심(人心)이 있으며, 하지(下智: 가장 모자라고 어리석은 사람)에게도 도심(道心)이 있느냐?"

세자는 이번 역시 자신 있게 응했지만 영조의 추가 질문을 받아야 했다.

"인심이 어떻게 도심의 명령을 들을 수 있느냐?"
"귀와 눈, 입과 코의 욕망을 누르면 도심의 명령을 들을 수 있사옵니다."

다소 세자 삶과 맞지 않는 답을 듣자 영조는 한마디 더하며 좀 더 진실한 답을 원했다.

"그럼 이제 네 경우를 가지고 말해보자. 방종의 마음은 인심이요, 앉아서 책을 읽는 마음은 도심이다. 네가 앉아서 책을 읽는다면 능히 방종을 눌러 도심의 명령을 들을 수 있을 것이다."

인간의 원초적 욕망을 누르고 올바른 사람이 되는 방법을 세자 삶과 비유해 물었던 것이다. 신속한 추가 답변이 필요했지만 세자는 머뭇머뭇 답을 제대로 하지 못했다.

"쉽지 않을 듯하옵니다."

영조는 그러면 그렇지 네가 별 수 있겠느냐며 비웃고 말았다. 『승정원(承政院) 일기』에 나오는 이야기다.
이 대화의 요점은 세자가 독서를 제대로 하지 않으면서 어떻게 스승에게 이런 시를 써 줬느냐는 영조의 핀잔이다. 그러니까 세자에겐 '독서최락'이 아닌 '유희최락(遊戲最樂)'이 오히려 더 적합하다. 차기 왕이 될 사람이 어찌 스승을 속이고 자신마저 속였느냐는 엄중한 꾸짖음이었다. 세자는 신하들의 웃음거리가 됐다. 쥐구멍이라도 들어가야 할 판이었다. 차기 왕 스타일이 완전히 구겨진 셈이다.

조선 부흥을 이끌었던 영주(英主)인 영조가 왜 아들이자 왕이 될 세자를 이처럼 비웃는 것에 그치지 않고 신하들 앞에서 면박까지 주었는가? 공부는 게을리 하고 놀기에만 열중해 세자로서 위엄을 상실했기 때문이다. 툭하면 서연(書筵: 조선시대 왕세자를 위한 교육제도)에 불참하고 엉뚱한 짓만 하는 세자에게 따끔한 훈계가 필요했던 것이다.

원래 '독서최락'은 중국 청나라 초기 문장가 장조(張潮)의 시에 나온다.

책을 읽는 것은 가장 즐거운 일이다. 역사책을 읽을 것 같으면 즐거움이 적고 노여움이 많다. 하지만 가만히 따져보면 노여운 곳이 또한 즐거운 곳이다[讀書最樂 若讀史書則喜小怒多 究之怒處 赤樂處也]

여하튼 '독서최락'은 삶에 있어 가장 즐겁고 중요한 것이 책 읽기라는 점이다. 문맹이 아니면 누구나 쉽게 할 수 있는 행위다. 독서불난(讀書不難), 책 읽기가 어렵지 않다. 문제는 책에서 얻은 지식을 현실에 어떻게, 얼마나 적용하느냐이다. 책을 읽고 이해하는 독서가(讀書家)가 되는 것은 어렵지 않다. 하지만 책에서 얻은 정보나 지식을 삶 속에 녹여 지혜를 창출할 수 있는 능용가(能用家)가 되는 것은 어렵다. 많은 독서와 사색 그리고 무자서(無字書: 글자가 없는 책인 자연을 마음의 눈으로 읽음으로써 하늘의 뜻이나 도리를 깨닫는 독서)가 필요하다. 이런 과정을 거쳐야만 진정한 독서 가치가 발현된다. 여기서 한 걸음 더 나아가 이 지식을 다른 사람들에게 주면 독서의 최대 목적을 달성한 셈이다.

영조가 세자를 비웃고 면박을 준 것은 세자가 바로 독서가에 그치고 능용가로 성장하지 못했기 때문이다. 마음이 아닌 눈으로만 책을 읽어(간서: 看書) 현실성이 떨어지는 지식 축적에 지나지 않았다는 비난이었다. 영조는 세자가 책을 읽고 있으나 글의 깊은 뜻을 알지 못하는 '도능독(徒能讀)'에 빠졌다고 판단했다. 그러니까 세자는 '독서최락'을 거론할 자격이 없다는 것이다.

영조와 세자의 대화에서 보듯 책은 눈으로만 읽는 것이 아니다. 마음으로도 읽어야 그 지식을 삶에 적용할 수 있다. 하지만 현실은 그렇지 않다. 실천이 그리 쉽지 않다. 갈수록 지식의 양은 많아지고 폭도 넓어진다. 서적들도 저마다 응축된 지식을 뽐내며 쉼 없이 쏟아진다. 정보와 지식 습득에 시공간적 제한이 따른다. 이런저런 이유로 책 들기가 무척 힘들다. 그러나 매서가탐(買書可貪), 유즉필독(有則必讀)이라 했다. '책 구입에 욕심을 내고, 있으면 반드시 읽으라.'는 뜻이다.

머리로 읽다

문자 발명 이후 문자와 분리된 삶은 불가능하다. 문자는 말과 달라 흔적을 남긴다. 아주 옛날에는 주로 돌칼이나 꼬챙이 등 원시적 도구로 점토, 거북이등, 돌 등에 글자를 썼다. 문자의 배지(坏地)는 인간 진화와 궤를 같이 한다. 돌, 동물 뼈·가죽 등 자연물에서 시작해 헝겊을 거쳐 종이 등, 아니 사이버 공간까지 이르고 있다. 배지 진화에 맞춰 필기도구도 원시 형태에서 벗어나 날로 편의적 형태로 변모하고 있다. 이젠 컴퓨터 자판이 필기 도구다. 문자와 필기도구와 배지가 이상적으로 결합됐다. 바로 책이다.

그럼 책을 누가 가장 많이 읽었을까? 아르헨티나 출신 캐나다 알베르토 망구엘(Alberto Manguel, 1948~)이 꼽힌다. 60여 년 동안 3만 권 이상을 읽었다고 알려져 있다. 하루 한 권씩만 읽어도 60년이면 2만여 권에 지나지 않는다. 하루에 한 권 이상을 읽은 셈이다. 서점 점원이었던 그는 시각장애인 호르헤 루이스 보르헤스(Jorge Luis Borges, 1899~1986) 작가에게 4년 동안 '책 읽어주는 일'을 했다. 이때 다양하고 많은 책을 읽었다. 작가, 기자, 편집자, 번역가, 독서가 등 다양한 직업을 가졌다. 그는 직업 종류로 분류되지 않은 '독서가'를 자신의 으뜸 직업으로 여겼다.

그가 출간한 저서마다 해박한 지식의 보고라는 평이다. 이런 점들이 그가 세계 최고의 독서가임을 공인하고 있다.

책을 가장 많이 반복해서 읽은 사람은? 조선 숙종 때 김득신(金得臣)이다. 『사기』의 백이열전을 1억 1만 3천 번을 읽었다. 조선시대의 '1억'은 현재 단위로 '10만'이니 11만 3천 번을 읽은 셈이다. 그는 일단 책을 잡으면 만 번 이상 읽었다. 옛 글 36편을 1만 번 이상 읽은 횟수를 밝힌 『고문 36수 독수기』를 지었다. '문자 발명 이후 3만 리 드넓은 지구상에 독서에 열심이고 굉장한 분 가운데 김득신을 으뜸으로 쳐야 할 것'이라는 다산 정약용의 평을 인정해도 그릇된 것은 아닐 듯하다.

그렇다면 반복해서 읽는 것이 자랑일까? 김득신은 수차례 과거시험에 응시했지만 낙방했다. 백이열전[한자본] 글자 수가 791자에 지나지 않는다. 웬만한 사람이라면 외워도 다 외웠을 것이다. 그렇게도 수없이 반복해서 책을 읽었다는 사람에게서 낙방의 이유를 찾을 수 없다. 당시 과거시험은 『사서삼경』 등 고전을 외워 쓰거나 해석을 다는 것이 주였다. 그러니까 책을 많이 반복해서 읽으면 웬만한 선비면 다 합격해야 옳았다. 하지만 김득신은 그러하지 못했다. 겨우 과거시험 응시제한 나이 마지막인 59세에 급제했으나 벼슬을 구하지 않았다.

다독과 반복 독서면 장땡일까? 아니다. 사색 독서법이 중요하다.

'책을 읽지만 생각하지 않으면 얻음이 없다. 생각만 하고 책을 읽지 않으면 오류나 독단에 빠질 우려가 있다[學而不思 則罔 思而不學 則殆: 당시 배움 '學'은 책 읽기 '讀'이었다]' 공자의 말이다. 생각을 하면서 책을 읽으라는(공부하라는) 경고다.

경험론 철학의 시조 존 로크(John Locke)도 독서법에 대해 주옥같은 한마디를 남겼다. "독서는 다만 지식의 재료를 공급할 뿐이다. 그것으로 자기 것이 되게 하는 것은 사색의 힘이다." 이황(李滉)도 거들었다. "글을 읽는 사람이 비록 글의 뜻을 알았으나 만약 익숙하지 못하면 읽자마자 잊어버리게 되어 마음에 간직할 수 없을 것임은 틀림없다. 이미 알고 난 후에 또 거기에 자세하고 익숙해질 공부를 더 한 뒤에라야 비로소 마음에 간직할 수 있으며 또 흐뭇한 맛도 느낀다." 중국 송나라 문인이자 정치가인 구양수(歐陽脩)의 말 역시 새겨볼 만하다. "책을 많이 읽고[多讀] 사색을 많이 하고[多商量] 글을 많이 써라[多作]" 구양수는 이런 방법으로 책을 읽어 무려 170여 권을 펴냈다.

책 읽는 바보, 이덕무는 친구처럼 지낸 이서구(李書九: 이덕무에 비해 13살 적음)에게 보낸 편지에서 구서(九書)란 용어를 사용했다. 소리 내서 입으로 읽는 독서(讀書), 책을 그냥 눈으로 보는 간서(看書), 책을 소장하는 장서(藏書), 중요한 내용을 손으로 베껴가며 읽는 초서(鈔書), 잘못된 내용이 있는지 없는지를 확인하고 바로잡으면서 읽는 교서(校書), 책의 내용이 옳은지 그른지 따위를 평가하며 읽는 평서(評書: 교서보다 더 적극적 읽기), 책을 짓는 저서(著書), 책을 빌리는 차서(借書), 책을 햇볕에 쬐는 포서(曝書) 등이다.

이 가운데 독서, 초서, 교서, 평서는 눈과 머리, 손으로 읽는, 적극적이고 생산적인 책 읽기를 말한다. 저서는 독서 등 앞의

네 과정을 통해 머리가 낳은 옥동자다. 많은 책을 읽게 되면 무언가 새로운 지식이 쌓인다. 이것을 체계적으로 정리해 글로 표현한 창작물이 바로 저서다. 이덕무는 평생 동안 이 과정을 철저히 실천했다.

책을 읽는 사람은 정신을 즐겁게 하는 것이 최상이다. 그다음은 습득해 활용하는 것이다. 마지막은 넓고 깊게 아는 것이다.
-『이목구심서 3』

조선 선조시대 류성룡(柳成龍)도 5가지 독서법을 제시하며 머리로 읽어야 함을 강조했다. 박학(博學), 매우 넓게 알도록 책을 읽는다. 심문(審問), 자세히 옳고 그름을 따져서 읽는다. 신사(愼思), 신중히 생각하면서 읽는다. 명변(明辯), 명백하게 분별해 남에게 전달할 수 있도록 읽는다. 독행(篤行), 실천할 수 있도록 읽는다. 그는 아들에게 '입으로 다섯 수레의 책을 외지만 그 뜻을 물으면 알지 못하는 이유는 생각하고 읽지 않았기 때문'이라는 내용을 담은 편지를 보내 올바른 독서를 권장했다. 이른바 도능독(徒能讀)에 빠지지 말라는 경고였다.

독서와 사색이 동시성을 갖추기 위한 방법은 뭘까? 행간(行間) 읽기. 책은 늘 보물을 숨기고 있다, 이 보물을 찾아내야 한다. 책 내용에 대해 깊이 생각하고 그 이치를 따져야 한다. 체화(體化). 지식이나 정보를 실생활과 지적 활동에 적용할 수 있는지를 타진해야 한다. 나만의 지식으로 변형해야 하고 타인에게 전달

할 수 있어야 한다. 비교하기. 이미 습득한 지식과 비교를 통해 더하고 빼는 과정을 거쳐야 한다.

　책 내용들이 모두 참되지 않다. 책이라고 모두 책이 아니다. 내 지식과 이미 습득한 타인의 지식을 종합적으로 비교해 진위를 여과해내야 한다. 두뇌의 상호작용. 지금 습득된 내용과 축적된 지식이 머릿속에서 융·복합 과정을 거쳐야 한다. 이런 과정을 통해 지혜가 창조된다. 새로운 지혜가 탄생되어야 제대로 된 독서다. 독서는 수소 두 분자와 산소 한 분자가 만나 물을 생성시키는 화학적 반응과 같아야 한다. 그러려면 책을 눈으로 보고 머리와 마음으로 읽어야 한다. 중국 남송 주자학의 창시자 주자(朱子)는 이를 '독서삼도(讀書三到)'라 했다. 이 삼도가 융합되어야 제대로 된 독서다.

　"눈으로 보고[眼到] 입으로 읽고[口到] 마음으로 깨닫다[心到]"

메모의 힘

　우리는 무언가를 끊임없이 메모한다. 나중에 보기 위함이다. 기억력 한계 때문에 이 같은 번거로운 작업을 회피할 수 없다. 메모의 도구는 나뭇잎과 돌, 동물 가죽 등부터 종이, 사진, 스마트폰 메모장 등에 이르기까지 진화에 진화를 거듭하고 있다. 메모의 사전적 의미는 '다른 사람에게 말을 전하거나 자신의 기억을 돕기 위해 짤막하게 남긴 글이나 기록'이다.

　메모만 잘 하면 기억력을 어느 정도 보완할 수 있다. 뛰어난 기억력이 지적 활동에 중요한 역할을 하지만 메모도 이에 못지 않다. 공부나 업무 등 무엇이든 열심히 하는 사람은 메모를 잘 하고 관리하는 습성이 있다. 책상 등 주변에 파리 대가리 만한 글자[蠅頭文字: 승두문자]가 빼곡히 쓰인 메모지가 늘 덕지덕지 붙어 있는 것을 쉽게 볼 수 있다.

　그렇다면 앞서간 사람들은 어떻게 메모를 했는가? 그리고 어떻게 메모를 관리해 우수한 지적 생산물을 창출했는가? 그 당시는 종이 등 메모 도구가 흔치 않았을 텐데.

　메모의 달인 하면 조선 후기 실학자 순암 안정복(安鼎福)을 으뜸으로 꼽을 수 있다. 그의 서재에는 두 개 바구니가 있었다. 초서롱(鈔書籠)과 저서롱(著書籠)이다. 초서롱에는 손바닥 크기의 한지와 나뭇잎, 천 등으로 그득했다. 한지 등에는 지식과 정보 편린들이 깨알처럼 적혀 있었다. 그가 여기저기서 들은 이야기나 다른 사람 책에서 옮겨 적은 자료들이었다. 초서롱에 묻은 손때는 그가 수시로 꺼내 자료들을 읽어보았다는 흔적이다. 그가 지은 제초서롱(題鈔書籠)이란 시다.

몸에 깊은 병이 있는데 책이라면 그리 좋아, 매번 귀한 책이 있다는 소리를 들으면 무슨 수를 써서라도 구해야만 하네, 그러나 돈이 없어 사지 못하고 그저 베낄 수밖에 없네. 온종일 수그리고 앉아 베끼고 등불 아래에서까지 계속이네. (중략) 남의 손까지 빌어 그 책을 베끼네. (하략)

저서롱은 초서롱에 담긴 글들을 유기적으로 조합, 융합시키거나 자신의 생각을 덧붙인 글을 보관하는 바구니다. 새롭게 탄생한 안정복의 지식과 지혜다. 이 지식과 지혜의 열매가 다름 아닌 『동사강목』과 『잡동산이』다. 『동사강목』은 단군 조선부터 고려 말까지 우리 역사를 기술한 책이다. 『잡동산이』는 방대한 저술이지만 체계가 서 있지 않아 제목처럼 잡동사니 지식들이 망라되어 있다. 가히 메모 위력이 보여준 저술이다.

중국 북송 장재(張載: 張橫渠라 하기도 함) 역시 메모 달인이었다. 그는 무언가 깨달은 바가 있으면 시간과 장소를 가리지 않고 무조건 즉시 기록했다. 그 주변에는 늘 문방사우가 준비되어 있었다. 깊은 밤에 새로운 생각이 떠오르면 벌떡 일어나 기록했다.

이렇게 메모한 기록을 바탕으로 『정몽(正蒙)』이란 책을 지었다.

생각을 정밀하게 하고 실천에 힘쓰며 깨달음이 있으면 신속히
적었다[精思力踐 妙契疾書].

주자(朱子)가 『장횡거찬』에서 장재의 공부 습관을 보고 한 말
이다. 여기서 '묘계질서(妙契疾書)'란 성어가 탄생했다. '묘계'는
'문득 깨우침'을, '질서'는 '빨리 쓰다'는 뜻이다. 질(疾)은 질병이
아닌 '빨리 달리다'이다. 묘계질서는 '예고 없이 깨달은 지식이나
지혜를 빨리 기록하다'는 의미다. 문득 떠오른 생각은 적어놓지
않으면 금방 망각하기 때문에 즉시 기록해야 한다는 얘기다.
이탈리아 미술가 레오나르도 다빈치(Leonardo Da Vinchi) 역
시 메모 달인에서 빠지지 않는다. 평생 동안 3만여 장의 조각
메모장을 남겼다. 그가 미술, 해부학, 과학, 문학 등에 다양하고
심오한 지식을 가질 수 있었던 것은 바로 메모 덕분이었다. 메모
의 진가는 다시 뒤늦게 발휘됐다. 지난 1994년 자연물과 천체
현상 등을 메모한 72쪽짜리 필사본 작업노트 '코덱스 해머(Co-
dex hammer)', 이른바 고서적이 3,100만 달러(250억 원 정도)에
경매장에서 낙찰됐다. 그는 이런 끊임없는 메모 덕분에 시대를
앞서간 천재로 불리게 되었다.
미국 제16대 대통령 링컨(Lincoln)은 항상 긴 모자 속에 필기
구와 메모지를 가지고 다니며 문득 떠오른 착상이나 보고들은
지식과 정보를 기록했다. '나의 최고 친구는 내가 읽은 적이 없

는 책을 내게 주는 사람'이라 할 정도로 독서가였지만 책 구입이 만만치 않았다. 그가 모자에 항상 필기도구를 가지고 다녔던 이유다.

오스트리아 음악가 프란츠 슈베르트(Franz Peter Schubert)는 문득 떠오른 착상을 놓칠세라 입고 있던 옷에 악상을 메모했던 것으로 유명하다. 심지어 계산서도 그에게는 훌륭한 메모지였다. 수많은 불후의 작품을 남기고 가곡의 왕이 된 비결이다.

다산 정약용 역시 독서, 자연관찰, 사색 중에 문득 깨달은 것들을 모두 적는 메모 달인이었다. 18년 동안 유배생활을 비롯해 평생 메모해둔 자료를 모아 499권의 방대한 저술을 남겼다. 박지원은 『열하일기』를 펴냈다. 청나라 건륭제 칠순잔치 축하 사절단으로 가 보고 들은 것을 메모한 뒤 펴낸 책이다. 『호질』도 청나라 가게에 우연히 들렀다가 벽 족자에 적힌 기이한 문장을 통째로 베껴 만든 책이다. 이덕무의 저서 『이목구심서(耳目口心書)』는 메모 그 자체였다. 제목 그대로 귀로 듣고 눈으로 보고 입으로 말하고 마음으로 새긴 생활과 풍경 등에 관한 기록이다.

'어느 책에서 읽었지? 인상 깊었던 구절이 분명 어디서 봤는데 생각이 나지 않네! 친구가 그때 뭐라고 했지?' 등등 기억력을 되살리려는 안간힘을 자주 쓴다. 가물가물 생각이 나지 않아 지적 당황에 이르기가 한두 번이 아니다. 이럴 때는 '그때 메모를 했어야 했는데' 하며 반드시 후회한다.

어찌 보면 메모는 지식이나 정보 등의 단순한 기록이다. 기록은 눈과 머리로 읽거나 귀로 듣는 것에 손으로 쓰는 작업이 더해지는 행위다. '기록하다'는 '다시 보다'는 의무를 지닌다. '메모하다'와 '다시 보다'는 같은 말인 셈이다. 다시 볼 이유가 없는 것은 기록할 필요가 없기 때문이다. 일단 다시 보면 예상치 못한 일이 벌어진다. 망각한 것들을 되살릴 수 있음은 물론 창조의 씨앗이 잉태된다.

기억력은 오래되면 믿을 게 못된다. 믿을 것은 손이다. 바로 기록이다. 가치가 있거나 필요한 자료는 메모를 하거나 모아 두어야 한다. 이렇게 모인 수많은 자료들이 비교, 분류, 융합, 첨삭 등 상호작용해야 새로운 지식과 지혜가 탄생한다, 이것이 저서다.

요즘 메모는 정말 수월하다. '포스트잇(post-it)'이 있다. 특수 접착제가 있어 수시로 탈부착을 반복할 수 있다. 사용하기 아주 편리하다. 스마트폰 메모장도 있다. 특수 연필이나 손가락을 사용해 스마트폰 화면에 쓰면 저장된다. 이것마저 적기 싫으면 그냥 스마트폰으로 필요한 것 촬영[쓰기 어렵거나 귀찮은 글자]해 수시로 꺼내 확인하면 된다.

메모는 영어로 'memo'다. '외우다, 기억하다'는 'memorize'다. '메모하면 기억할 수밖에 없다.' 아무리 뛰어난 기억력도 메모를 이길 수 없다. 새로운 명제가 탄생했다. '메모한다. 고로 나는 존재한다.'

"자신이 접하는 모든 정보를 기록하라."

발명왕 토머스 에디슨(Edison,Thomas Alva)이 남긴 말이다.

# 글자 없는 책

글자가 없는 책이 있다. 그냥 빈 종이로 된 책이 아니다. 만지거나 볼 수 없는 무형이다. 그렇다면 이런 책을 과연 책이라고 할 수 있을까? 책의 사전적 정의는 '사람의 사상이나 감정을 그림 또는 글자로 종이에 써서 그리거나 인쇄해 제본한 것'을 말한다. 분명 책은 형태이고 글이나 그림 등 눈으로 볼 수 있는 내용을 담고 있어야 한다. 책은 이 내용을 독자에게 전달한다. 이를 '유자서(有字書)'라 한다.

흔히 볼 수 있는 책이 모두 유자서다. 사람들은 독서를 통해 지식이나 정보의 편린을 얻는다. 사고의 상호작용을 통해 이 편린들을 유기적으로 정리, 종합한다. 또 다른 지식이나 지혜가 탄생된다.

글자도 없고 그림도 없는데다 어떤 형태도 갖추지 않은 것이 책이라고? 책이 분명 눈으로 읽어야 하는 형태일진대 글자 없는 책, '무자서(無字書)'라니 이해가 가지 않는다. '무자서'란 말이 왜 만들어졌을까? 유자서 독서만으로는 지식과 정보를 얻는데 부족한데다 살아가면서 얻는 경험 또한 산지식이기 때문이다.

책은 이미 과거를 기록한 것이다. 공간적으로도 독자와 떨어져 있다. 현실성과 생명력이 다소 약하다.

고전은 이미 검증된 사실이나 지식을 담고 있다. 그렇다고 반드시 진실이거나 진리라 할 수 없다. 시공간을 초월해 다수가 신뢰한다는 이유로 알게 모르게 자신도 믿어버리는 우를 범할 소지가 많다. 결국 유자서는 시공간의 태생적 한계를 안고 있다.

'간서치(看書痴)'라는 말이 있다. 지나치게 책을 읽는 데만 열중하거나 책만 읽어서 세상 물정에 어두운 사람을 비유한다. '유자서'에 목을 매는 독서인을 말한다. 책에 파묻혀 지식을 채굴하는 바보인지도 모른다.

유자서의 부족함을 채우고 지식을 지혜로 이끌 수 있는 방법이 바로 글자 없는 책, '무자서'다.

중국 명나라 말 홍자성(洪自城)은 자신의 저서 『채근담』을 통해 무자서의 가치를 상세하게 평가했다. 이 책은 경험과 체험, 무자서를 근거로 펴낸 유자서다.

"사람들은 글자로 쓴 책의 뜻만 이해하려 할 뿐 글자로 쓰이지 않은 자연의 아름다움은 이해하려 하지 않는다[人解讀有字書 不解讀無字書] 사람들은 줄 있는 거문고를 타는 소리만 듣지 줄이 없는 거문고 소리는 들으려 하지 않는다[知彈有絃琴 不知彈無絃琴] 사람들은 보이는 대상만 즐기려 하고 자연의 조화는 알지 못한다[以迹用 不以神用] 어찌 학문과 거문고에 담긴 심오한 뜻을 알 수 있으랴[何以得琴書之趣]"

무자서의 재료는 자연적 대상과 사회적 사실 등 참으로 다양하다. 그렇다면 '무자서'로부터 지식을 어떻게 얻는가? 바로 여행이 단연 최고의 방법이다. 여행은 유자서의 지식과 색다름을 제공한다. 유자서의 모자람을 보충한다. '무자서'로부터 얻는 지식은 대부분 사실과 진실 모두 긍정이다. 여행은 지식인과 시공간을 일치시켜 오감 체득이 가능하도록 하기 때문이다.

'무자서'의 대가(大家)가 있다. 중국 청나라 학자 고염무(顧炎武)다. '독서만권(讀書萬卷) 행만리로(行萬里路): 만 권의 책을 읽고 반드시 만 리 길을 여행하라.' 방구석에 앉아 책만 읽지 말고 밖으로 나가 사람과 세상을 만나며 산지식을 얻으라는 잠언이다. 유자서와 무자서를 통한 지식만이 삶을 풍요롭게 할 수 있다는 메시지다. 사람과 사람, 자연과 사람, 자연과 사회, 사람과 사회 등 세상을 두루 경험하는 과정에서 얻는 체험적 지식에 대한 강조다. '아침 안개를 지고 떠났다가 저녁 안개를 지고 돌아오는 습관' 때문에 '안개 나그네(霞客)'란 별명을 가진 중국 최초 여행가가 있다. 명나라 서홍조(徐弘祖)다. 그 역시 '무자서'를 강조했다. 이는 그 어머니의 명철한 자녀교육 덕분이었다.

"사나이가 천하에 뜻을 두어야지. 우리에 갇혀 알만 낳는 닭이나 마구간에 얽매여 수레만 끄는 말과 같아서는 안 된다. 집을 떠나 넓은 세상을 보고 느껴라."

서홍조는 30여 년 동안 전국 3만 리를 주유하며 듣고 보고 얻은 정보와 지식들을 『서하객유기(徐霞客遊記)』에 담아냈다. 오롯이 경험과 체험, 즉 무자서가 집약된 유자서다. 지리학적, 문학적 가치를 높게 평가받고 있다. 폐쇄된 공간에서 책만 읽었다면 이런 불후의 작품이 탄생했겠는가?

여행은 일시적 시각과 정신의 유희가 아니다. 준비하고, 떠나고, 만나고, 돌아와 삶의 양식과 지혜를 남기는 체험적 공부다. '유자서'의 독서는 간접 체험으로 심신을 수양하고 교양을 넓힌다. 또 타인, 선현들의 지식을 축적하고 머리로 이해하는 정적 사고행위이다. '무자서'의 독서는 눈과 마음으로 무에서 유를 창조하는 동적 사고행위이며 지식의 실천이다. '유자서'가 도끼라면, '무자서'는 도끼질이다. 구슬이 서 말이라도 꿰어야 보배이듯, 도끼가 있어도 마음의 얼음을 깨지 못하면 지혜를 얻지 못한다.

사색(思索)도 무자서다. 그 대표적 학자가 조선시대 서경덕(徐敬德)이다. 그는 17살 때 『대학』을 읽다 격물치지(格物致知)를 놓고 고민에 빠졌다.

"배우는 데 '물(物)'의 이치를 탐구하지 아니하면 책만 읽어서 뭔 소용이 있는가?"

결국 책을 내려놓고 '물' 자를 벽에 써놓고 앉아 사색에 잠겼다. 그리고 물의 이치를 깨달았다고 한다. 이른바 자득(自得)이다. 그는 사물이나 지혜를 향한 호기심과 탐구욕을 사색을 통해 추구하며 독자적 학문의 길을 걸었다. 서경덕에게 유자서는 학문

전통과 권위의 벽을 상징하는 반면 무자서는 그 벽을 부수는 도끼질이었다.

"책 지식이 비록 정신과 육체에 가득 차도 실천하지 않으면 주머니 속 동전 한 푼만도 못하다[文籍雖滿腹中不如一囊錢]"

중국 남조의 송나라 범엽이 지은 『후한서』에 나오는 말이다.

전장에서도 책을 들다

독서광들은 책을 읽을 때 시공간을 따지지 않는다. 그들은 늘 손에 책을 가지고 있다. 짬과 틈만 있으면 곧바로 독서에 몰입한다. 사람이든, 환경이든 주변 여건을 상관하지 않는다. 어떤 상황에서도 독서를 게을리 하지 않는다. 옛 독서광들은 도서관에서도, 서재에서도, 화장실에서도, 싸움터에서도, 마상에서도, 침상에서도, 들녘에서도 기꺼이 책을 읽었다. 독서광들에게 책 읽기는 그냥 자연스러운 삶의 일부이다.

독서광하면 중국 전한(前漢) 정치가인 주매신(朱買臣)을 꼽을 수 있다. 그는 농사지을 땅이 송곳 꽂을 만큼도 없었다. 산에서 땔감을 해다 팔아 끼니를 이어갔다. 독서를 위한 틈을 낸다는 것은 언감생심이었다. 그러나 지독한 궁핍 속에서도 그의 독서열이 꺾이지 않았다. 땔감을 팔러 다닐 때 쉬는 시간은 물론 땔감을 지고 가면서도 늘 책을 읽었다. 지식은 지게에 진 땔감만큼이나 쌓였다. 그는 나무꾼이라고 보기에는 너무나 예사롭지 않은 사람으로 변해갔다. 급기야 그는 한나라 무제에게 발탁됐다. 학식을 인정받으면서 승상에 이어 태수가 되어 금의환향했다. 벼슬을 한 것은 어려운 상황에서도 열심히 한 독서 때문이라 생각했다. 후세 사람들은 '부신독서(負薪讀書)'란 성어를 탄생

시켰다. '땔감을 지고 다니면서 책을 읽다'는 뜻이다. 이런 주매신이 땔감을 지고 가며 독서하는 모습을 그린 화가가 있다. 조선 후기 유운홍(劉運弘)이다. 그는 부신독서도(負薪讀書圖)를 그려 독서를 권장했다.

전한 시대 광형(匡衡)도 우리에게 잘 알려진 독서광이다. 책을 읽기 위해 집 벽에 구멍까지 뚫은 사람이다. 그는 가난해 밤에 등불을 밝힐 기름이 없었다. 오로지 책을 읽어야겠다는 일념으로 이웃집과 경계인 벽에 몰래 조그만 구멍을 냈다. 그 구멍에서 흘러나온 불빛으로 책을 읽었다. '착벽투광(鑿壁偸光), 착벽인(引)광'이다.

주매신의 부신독서와 광형의 착벽투광을 철저히 실천한 독서광이 있다. 조선시대 문장가 장유(張維)다.

불빛이 있다면 이웃집 벽을 뚫고라도 공부해야 하고 품팔이하면서도 책은 허리춤에 차야 하네. (중략) 죽으나 사나 책벌레나 한번 되어 보려오.

반딧불도 보이지 않고, 눈도 도통 오지 않네. 겨울 세 달 공부 계획 갑작스럽게 어긋나네. 긴긴 겨울밤 한가로이 누더기만 보듬고 있네. 이웃에 등잔불 기름 빌려 달라고 부탁하기도 창피하구나.

장유의 문집 『계곡집』의 한 구절이다. 남들이 뭐라 하든 상관하지 않고 어디에서나 책을 읽겠다는 강한 의지의 표현이다.

식사까지 거르며 독서에 열중해 마을 사람들이 미친 사람처럼 여겼던 사람이 있었다. 조선시대 두곡(杜谷) 고응척(高應陟)이다. 참으로 특이한 독서가였다. 창문이 없는 방을 만든 뒤 구멍 두 개만 뚫어놓았다. 하나는 음식을 넣어주는 곳이고, 다른 하나는 바깥 사람과 말을 주고받은 곳이다. 그는 이 구멍 두 개가 뚫린 방에서 삼 년 동안 『논어』와 『대학』을 독파한 뒤 바깥으로 나왔다 한다.

개똥벌레[螢]와 눈[雪]을 이용해 책을 읽은 사람도 있다. 중국 동진(東晉) 때 차윤(車胤)과 손강(孫康)이다. 그들은 책 읽기를 좋아했으나 낮에는 생계유지를 위해 일을 해야 해 밤에만 책을 읽을 수 있었다. 불행하게도 밤에는 불을 밝힐 기름이 없었다. 책을 읽는다는 것은 이래저래 불가능한 일이었다. 그러나 굴하지 않았다. 각각 묘안을 찾았다. 차윤은 여름밤에 개똥벌레를 잡아 망사주머니에 담아 불을 밝혀 책을 읽었다. 손강은 겨울밤에 눈[雪]을 가져다 어둠을 밝혀 독서를 게을리 하지 않았다. 후세 사람들은 이를 '낭형영설(囊螢映雪), 형설지공(螢雪之功)'라 했다.

달밤 지붕에 올라가 책을 읽은 사람도 있다. 남제(南濟)시대 강필(江泌)이다. 그 역시 너무 가난해 낮에는 짚신을 삼아 생계를 이어갔다. 밤에는 기름이 없어 등불을 밝힐 수 없었다. 할 수 없이 달빛이 잘 내리는 지붕에 올라가 달빛 아래서 책을 읽었다. '영월독서(映月讀書)'다.

수(隨)나라 이밀(李密)은 소뿔에 책을 걸어놓고 소를 타고 가면서 책을 읽었다. '우각괘서(牛角掛書)'다. 이는 중국 아동용 교과서에 실릴 정도로 중국에선 독서와 관련한 가장 유명한 고사가 됐다. '소 타고 책 읽는다'는 '승우독한서(乘牛讀漢書)'란 명언으로 이어졌다.

장례행렬에서 상여를 붙잡고 가며 책을 읽은 인물도 있다. 조선시대 김득신(金得臣)이다. 딸의 상여가 나갈 때 그는 한 손에 상여를 잡고 다른 한 손엔『사기: 백이열전』을 들고 읽으며 장지까지 갔다. 아내가 죽었을 때도 마찬가지였다.

조선 중기 유학자이자 의병장인 중봉(重峯) 조헌(趙憲)은 밭에 나가 농사일을 할 때 밭둑 나뭇가지에 책을 걸어놓고 오고 가며 독서를 했다. 방에 불을 지필 때도 아궁이 앞에 앉아 책을 손에서 놓지 않았다. 밤에는 어머니 바느질 불빛에 의지해 책을 읽었고, 아무리 추워도 글방 가는 것을 하루도 빼먹지 않았다고 한다.

초원에서 책을 읽다 양을 잃어버린 일도 있었다. 사내종이 죽간(竹簡: 종이 발명 전 대나무로 만든 책)을 읽다가 돌보던 양을 놓쳤다. 독서망양(讀書亡羊)이다. 이 성어는 독서가 아니라 한 눈을 팔다 벌어진 자기 본분의 상실과 관련 있다. 사내종이 독서를 한다는 것은 당시 상황으로 불가했던 일이기 때문이다. 사내종이 아닌 학동이 독서를 하다 양을 잃었다면 독서와 관련이 분명 있었을 텐데. 하지만 양을 잃은 사람이 학동이든, 사내종이든 중요한 것은 아니다. 양을 잃은 이유가 독서라는 점이다. 엉뚱한 짓을 하다 할 일을 그르친 것을 표현할 때 '독서'를 집어 넣은 것은 독서의 중요성을 엿볼 수 있는 대목이지 않은가?

전쟁터에서 책을 읽은 사람도 많다. 알렉산드로스는 책을 담당하는 부하를 별도로 둘 정도였다. 나폴레옹은 책을 실은 마차를 끌고 다니며 틈만 나면 독서를 했다. 52년 동안 8천여 권을 읽었다 한다. 모택동 역시 전쟁 통에서 분야를 가리지 않고 읽었다. 히틀러는 전쟁을 하면서 하루 한 권을 읽지 않으면 잠을 자지 않았다고 전해진다.

화장실에서 책을 즐겨 읽은 학자도 있다. 중국 북송 때 문학가이자 장서가로 유명한 전유연(錢惟演)이다. 그는 화장실 독서 예찬론자라 할 정도였다. '화장실에 갈 때마다 책을 끼고 갔다, 화장실에서 책 읽는 소리가 멀리서도 들릴 정도였다'고 한다. 청나라 때 경학자이자 희곡 이론가인 초순(焦循)은 화장실에서는 물론 옷을 입을 때나 길을 갈 때도 책을 읽었고, 목욕을 할 때도 책을 놓지 않았다.

중국 위나라 동우(董遇)는 '밤, 비 오는 날, 겨울철' 즉 삼여지설(三餘之說)에 책을 읽었다. 다른 사람에게는 잠자는 시간이고, 일한 뒤 쉬는 시간이고, 추워 온몸이 떠는 시간이다. 이런 상황에서 어찌 사람들이 여유롭게 독서를 할 수 있단 말인가? 동우에겐 오히려 집중해서 책 읽기가 더 없이 좋은 시간이었다.

사람들은 어쩌다 마음먹고 책 한 권을 사 읽을라치면 시끄러운 환경이어서 책 읽기가 어렵다고 투덜거린다. 서재나 도서관 등 조용한 공간을 찾기도 하지만 독서가 습관화되지 않아 독서를 포기하기 일쑤다. 입에 가시 돋는 모습이 훤하다.

독서를 위한 별도 공간과 시간을 챙기지 마라. 단 1분이라도 여유가 있으면 어디에서나 그냥 읽어라. 서 있거나 앉을 수 있는 아주 조금의 공간과 책 그리고 불빛만 있으면 읽어라. 시공간의 틈만 따지는 사람은 틈을 주어도 그 틈을 이용하지 못한다.

독서와 피서

폭염(暴炎). 참지 못할 정도의 무더위를 말한다. 이른바 불볕더위, 아니 살인적 더위가 더 정확하다. 글자대로 풀어보면 '사납게 햇볕을 쬐니 불이 타오르다'는 뜻이다. '暴'은 '日'과 '出' 그리고 '米'가 합해진 회의 문자다. 날이 활짝 개어 해가 나오자 마당에 쌀이나 동물 가죽을 꺼내어 말리는 모양의 글자다. 햇볕을 쬐는데 대충이 아니라 아주 강렬하게 쬐는 것을 말한다. '炎'은 '불이 타오르다'는 뜻이다. 불이 위, 아래로 두 개가 겹쳐 있다. 불길 세기를 가히 짐작할 수 있다. '폭염'이란 말을 듣기만 해도 목덜미에서 땀이 흐르고 찜통에 들어온 느낌이다.

더위에 지쳐 몸에 이상이 생기면 '더위 먹었다'고 한다. 음식을 잘못 먹어 몸에 이상 증세가 생기는 것처럼 더위에 지치면 탈이 난다는 얘기다. 어떻게 하든 폭염을 조금이라도 탈피해야 하지 않겠는가? 과연 우리 선조들은 어떻게 무더위를 피해왔는가? 당시는 선풍기나 에어컨이 없고 부채가 고작이었을 텐데.

소서(消暑). 무더운 장소를 피하는 것이다. 계곡, 산 등 상대적으로 시원한 곳으로 자리를 옮겨가면 된다. 누구나 쉽게 할 수 있고 실제 더위를 피할 수 있기 때문에 가장 보편적이고 실질적인 피서법이다. 정신과 육체가 모두 시원하다.

다산 정약용은 「소서팔사(消暑八事)」라는 시를 통해 무더위를 가시게 하는 여덟 가지 방법을 제시했다. 소나무 단에서 활쏘기, 회화나무 그늘에서 그네 타기, 정자에서 투호놀이, 대자리에서 바둑 두기, 서쪽 연못에서 연꽃 구경하기, 동쪽 숲에서 매미 소리 듣기, 비 오는 날 시 짓기, 달밤에 발 씻기 등이다.

그는 비 오는 날 시를 지어 소서팔사를 몸소 실천했다.

수그러 드려야[수그러들어야] 마땅한데 더더욱 타오르니 불같은 열기가 해에서 나온다는 걸 못 믿겠다. 엄청난 위력에 어떤 것도 대항 못하고 잠깐이라도 출입하는 건 생각도 못한다.

승서(勝暑). 더위와 싸워 이기는 피서법이다. 이열치열(以熱治熱)이다. 더위를 더위로 다스린다는 뜻이다. 이는 무지막지한 것 같지만 나름대로 과학적인 설명이 가능하다. 무더위 때 체열(體熱)이 잘 배출되지 못해 열기가 몸에 쌓인다. 이때 뜨거운 음식 섭취나 운동 등을 통해 몸속 더운 기운을 땀을 빌어 밖으로 내보내야 한다. 뜨거운 음식을 먹으면 몸속 열기가 땀과 함께 배출돼 다소나마 더위를 식힐 수 있다. 삼복에 삼계탕이나 보신탕 등 펄펄 끓는 탕 종류 음식을 즐겨 찾는 이유가 여기에 있다. 입이 델 정도로 뜨거운 것을 먹으면서도 '으아, 시원하다'라고 하지 않는가? 아마 뜨거운 것을 시원하다고 말하는 나라는 우리나라밖에 없을 것이다. 입천장을 데면서까지 뜨거운 음식을 즐겨 먹으니까.

조선시대 정조 대왕은 승서의 한 방법으로 독서를 권장했다.

"무더위를 이기는 데는[勝暑] 독서만큼 좋은 방법이 없다."
-『일득록』(정조의 어록)

　무더위를 피해 여기저기 서늘한 곳을 찾아다니지만 늘 만족하지 못한 채 다리만 피곤하고 땀만 흘릴 뿐이라며 그냥 한 곳에 앉아 책 읽는 것이 승서의 으뜸이라는 지적이다.

　매서(賣暑). '더위를 팔다'란 뜻이다. 매서는 다가올 더위를 흥정 없이 일방적으로 미리 다른 사람에게 팔아버린다는 의미다. 70년대 이전에는 정월 대보름날 해뜨기 전에 만난 사람에게 "내 더위 사가라." 하며 더위를 파는 풍습이 있었다. 나이만큼 사람을 만나 더위를 팔아야 더위를 타지 않는다. 주술성이 강하지만 피서를 위한 선조들의 지혜를 엿볼 수 있지 않은가? 60년대만 해도 시골 동네 정월 대보름날 새벽은 더위 파는 소리로 요란했다.

　망서(忘暑). 무더위를 잊는 피서법이다. 실행하기 가장 어렵다. 망서는 무엇에 집중함으로써 이뤄진다. 육체 노동일 수도 있고 정신 활동일 수도 있다. 더위를 이기거나 줄이기보다 정신적 노력과 자세로 더위를 잊는다는 얘기다. 망서에 가장 적합한 활동은 뭘까? 많은 선조들은 독서를 꼽았다. 아니! 폭염 속에서 책을 읽으면 더위를 잊는다고? 말 같지 않은 소리라 비난해도 사실 할 말은 없다.

　독서를 망서의 최고 방법이라고 할 수 있는 근거가 있다. '독서 삼매경에 빠지다'란 표현이다. 책을 읽다 보면 어느 샌가 잡념이 사라지고 오직 독서에만 골몰하는 경지를 경험하게 된다. 독서에 몰입하면 내부 기운이 강해져 외부 기운, 무더위가 차단되기 때문이다.

'삼매(三昧)'는 원래 인도 불교에서 유래한 수행법의 하나로 산스크리트 어 '사마디(samadhi)'의 한자 표기다. 이 말은 '마음을 한곳에 집중시켜 감각적 자극이나 그 자극에 대한 반응을 넘어서는 상태'다. 이 상태, 삼매경에 빠지면 주변의 어떤 시끄러운 소리나 소리 없는 자극도 인식하지 못하는 선(禪)과 같은 경지에 이른다. 천둥 번개도 감지하지 못할 정도라 하는데 한낱 폭염이야 말해 무엇 하겠는가?

삼매경의 좋은 예는 고봉유맥(高鳳流麥)이다. 중국 동한 시대 고봉은 독서를 워낙 좋아해 밤낮 책에 빠져 살았다. 아내가 들일 나가기 전 고봉에게 뜰에 말리고 있는 보리를 좀 보라고 신신당부했다. 고봉은 '걱정 마라'며 즉시 작대기와 책을 들고 처마 끝에 자리를 잡았다. 공교롭게도 그날 오후 비가 쏟아졌다. 아내가 돌아올 때까지 고봉의 한 손에는 닭 쫓기 위한 작대기가, 다른 한 손에는 책이 줄곧 들려 있었다. 그날 보리는 빗물에 다 떠내려갔다.

조선 중기 성리학자 고봉(高峯) 기대승(奇大升) 역시 마찬가지였다. 독서에 몰입하는 때가 잦았다. 햇살에 말리던 멍석의 보리가 빗물에 모두 떠내려가는 것도 몰랐다고 한다. 독서삼매경이 아닐 수 없다.

이처럼 먹고사는 일, 보리 지키기조차 독서 몰입을 막지 못했다. 감히 폭염이 어디서 독서를 방해하겠는가? 물론 폭염 속에서 책을 읽으면서 삼매경에 빠지기는 쉽지 않다. 그러나 첫 페이지 넘기기가 힘들지 일단 몇 페이지가 넘어가 책 속으로 여행을 떠나면 돌아올 줄 모르는 재미가 쏠쏠하다. 눈으로 본 글자와 문장 의미가 뇌리로 이어져 지식과 지혜를 생산하는 과정에 들어서면 독서의 참맛이 더해진다. 이때가 되면 시간 가는 줄 모르고 주변 환경을 개의치 않는다. 무엇보다 폭염은 저 멀리 물러난다.

'현두자고(懸頭刺股)'라면 폭염을 잊기에 충분하지 않을까? '현두'는 중국 한나라 손경(孫敬)이 졸음을 쫓기 위해 머리카락을 대들보에 매달고 책을 읽은 방법이다. '자고'는 전국시대 유세객 소진(蘇秦)이 유세에 실패한 뒤 잠을 쫓기 위해 허벅지를 송곳으로 찌르며 책을 읽은 방법이다.

요서율(妖書律), 책의 학살

Libricide. 'library(책, 공문서 기록 등의 수집 보관처)'의 'libr'와 'homicide(살인)'의 'icide'의 합성어다. '책을 학살하다 혹은 파괴하다'라는 의미다. 책을 불에 태워버리거나, 물에 불려 타 용도로 사용하거나, 땅에 묻거나, 수장(水葬)시키는 등 아예 책 기능을 없애 버린다는 뜻이다.

책은 장고(長考)의 정신적 고뇌와 수많은 경험, 사고의 혼을 담고 있다. 오랫동안 지식과 지혜가 숙성되고 농축된 진국이나 다름없다. 많은 책들이 세월이 갈수록 그 진가가 사그라지지 않은 채 그 빛을 발하고 있다. 인간의 발명품 가운데 으뜸이라 하지 않을 수 없다.

이런 책을 학살하다니 안타까운 일이 아닐 수 없다. 책의 학살은 대규모로 이뤄지는 것이 특징이다. 도서관을 통째로 불 질러 책을 태워버리기도 하고, 개인 소유의 책을 샅샅이 빼앗아 폐기 처분한다. 책의 학살 역사를 살펴보면 책이건 그 소유자건 그 덫을 빠져나갈 수 없었다. 왜 책을 학살하는 것일까? 책이 뭔 죄가 있다고?

책의 학살은 진시황의 분서갱유 등 온갖 형태로 세계 곳곳에서 정치적, 인종적, 종교적 등 다양한 이유로 진행되어 왔다. 다른 나라야 어떠하든 우리나라에서 책의 학살은 어떠했는가?

　조선시대 초기 '요서율(妖書律)'이란 괴상한 법률이 제정됐다. '요사스러운 책에 관한 법률'이라 할까? 이 법률은 조선 태종부터 시행된 것으로 보인다. 이어 세조, 예종, 성종, 연산군 등 여러 조선 왕들이 8도 관찰사에게 요사스러운 책을 압수하라는 명령을 내렸다. 일종의 '수거령(收去令)'이었다.

　태종은 서운관(書雲觀: 고려 말부터 조선 초까지 기상관측 등을 관장하던 관서)과 민간에 소장된 참위서(讖緯書: 미래 길흉화복의 조짐이나 그에 대한 예언 또 그런 술수를 적은 책)와 음양서(陰陽書: 천문, 역술 예언서)를 압수해 불태웠다. 길흉화복의 예언을 적은 책인 도참(圖讖)과 비기(秘記)도 왕조 유지를 위해 없애버렸다. 세조는 조선 건국과 관련해 중국 명나라 눈치를 봐야 하는 형편이었다. 명나라가 역성혁명을 일으켜 세운 이씨 조선을 달갑게 여기지 않았기 때문이다. 독립 왕조 노선을 확보하기가 힘든 상황이었다. 조선은 명나라 비위를 거스르는 것은 무엇이든 제거해야만 했다. 명나라에 잘 보이고 배신하지 않겠다는 수치스러운 의지의 발로였다. 세조는 우리 역사가 중국보다 앞선다고 기록한 역사책과 우리 고대 사상을 표현한 책들을 수거하라고 명했다. 당시 조선 학자들이 즐겨 읽던『고조선 비사』,『대변설』,『조대기』,『지공기』등 고조선과 그 이전의 역사와 사상이 담긴 역사책 100여 종이 제거대상이 됐다.

　1408년 태종 때 요서율에 걸려 처벌을 받은 사람이 있었다. 해전고(解典庫: 재물을 담보로 잡고 돈을 차용해 주던 전당 업무를 관장하던 관청) 주부(注簿: 해전고의 직책)였던 임형(林螢)이다. 그는 "이씨(조선을 의미)의 사직은 30년 기업(基業, 국가의 토대를 구축하고 관직 체계를 정비하여 왕업의 터전을 닦음)[李氏社稷, 三十年基業耳]"이라며 이씨 조선을 비하했다, 그는 순금사에 갇혔다. 이 말 출처가 어디냐며 심문받자 그는 "부여에 사는 김귀(金貴)의 집에 참서(讖書)가 있어 내가 보았고, 헌납(獻納: 조선시대 사간원의 정5품 관직)이었던 김섭(金涉)과 이야기를 나눴다"고 털어놨다. 이리하여 참서를 관가에 반납하지 않고 보유한 김귀는 곤장 100대를 맞고 도(徒: 징역) 3년형에 처해졌다. 참서에 대해 이야기를 나눈 김섭은 경상도 영해로 유배되었다.

성종 역시 요서율을 철저히 실행했다. 세상을 어지럽히고 백성들을 미혹하여 속이거나 나라를 위태롭게 한다는 명분을 들어 각종 참위서와 음양서를 모조리 압수했다. 당시 성종이 압수해 소각시킨 서적이 『주남일사지』, 『표훈천사』, 『명경수』 등 모두 12종에 이른다 한다.

연산군도 책의 학살에서 빠지지 않았다. 그는 폭정(暴政)을 비난하는 백성들이 늘자 언문(諺文: 훈민정음을 속되게 이르던 말)으로 된 책을 모두 없앴다. 당시 언문이 보급되자 많은 백성들도 우리글을 읽고 쓰게 되었다. 백성들은 수시로 연산군의 폭정을 언문으로 써 알렸다. 널리 알려 사람들을 부추기기 위한 글, 언문격서(檄書)를 펴냈다. 연산군은 화가 머리끝까지 치밀었고, 그 화풀이는 언문으로 된 책을 죄다 없애고 폭정을 투서한 백성을 잡아 투옥시키는 방법밖에 없었다. 그는 언문 사용 금지법인 기훼제서율(棄毁制書律)과 제서유위율(制書有違律)의 규율을 만들었다.

언문을 쓰는 자는 기훼제서율로, 알고도 고하지 않는 자는 제서유위율로 다스려라. 언문으로 구결을 단 책은 모두 불사르되, 한자를 언문으로 번역한 책은 금지하지 마라[棄毁制書律, 知而不告者, 以制書有違論. 朝士家所藏諺文口訣書册皆焚之, 如飜譯漢語諺文之類勿禁]

일제강점기 책의 학살은 어찌 보면 당연했다. 일제는 자국 정치체제를 비판하고 조선 독립을 고취시키는 서적, 이단의 종교서적, 외설 음란 서적 등을 금서로 지정했다. 『조선독립운동사』, 『이완용매국비사』, 『맹부록』, 『무궁화』, 『조선민요선』, 『조선교육의 결함』, 『천주교성가』, 『성서신해』, 『한국경제』, 『과학적 사회주의』 등 수백여 종이 금서로 묶였다.

반공방첩(反共防諜)이 국가 슬로건이었던 박정희 정권에서도 금서 형태로 책의 학살이 있었다. 주로 민중사적 역사의식, 해방신학, 종속이론 등의 서적과 반정부 지식인 저술이 금서에 포함되었다. 저자가 친북성향 또는 사회주의 사상가나 월북자이면 책 내용에 관계없이 모조리 금서가 됐다.

1980년대 이념서적에 대한 탄압 역시 책의 학살이다. 박정희 정권이 무너지면서 다소 언론 출판의 자유가 보장되는 듯싶었지만 공산주의 사상과 관련된 서적 등 이념 서적에 대한 통제가 이어졌다. 이른바 불온서적 또는 빨간책이다. 이념서적이 대학을 중심으로 한 반정부 시위에 영향을 준다고 판단했기 때문이다. 1986년 5월 국내 서점과 출판사 등을 대대적으로 압수 수색에 나서 233종의 이념서적을 폐기 처분했다. 당시 이념서적을 가방에 넣고 다니다 경찰의 불심검문에 걸려 압수당하기도 했다.

책은 자료와 정보, 지식과 지혜를 담아 인간에게 삶의 방향성과 철학을 제시한다. 목적 지향성을 가진 생물유기체라 할 수 있다. 온갖 물건을 담아두면 끝없이 새끼를 쳐 그 내용물이 줄어들지 않는 화수분과 같은 보물단지이다. 화수분의 파괴는 인간에게 양식을 빼앗는 절도범죄 행위다. 책은 함부로 처분할 수 있는 무생물이 아니다. 책은 어떤 위협으로부터 보호되어야 한다. 그것이 정치, 종교, 인종적 이념과 위배된다 하더라도.

협서율(挾書律)의 망령

한때 지하철이나 고속버스 등 대중교통에서 승객들이 책이나 신문을 읽는 모습을 쉽게 찾아볼 수 있었다. 어른이고 학생이고 많은 승객들이 무엇인가를 읽고 있었다. 지하철 가판대에서는 신문, 잡지, 단행본 등 읽을거리를 팔았다. 특히 무가지 형태의 신문을 배포하기도 했다. 광고수입이 지가보다 훨씬 많았기 때문이다. 얼마나 많은 승객이 신문을 봤는가 하면, 청소부들이 종점에서 보고 난 신문지 수거에 골치가 아팠을 정도였다. 학생들은 교과서나 참고서를 무릎에 펴놓고 공부도 했다. 참으로 보기 흐뭇한 풍경이었다.

이젠 '아아! 옛날이여'가 돼 버렸다. 이런 '무언가 읽는 지하철 풍속도'는 박물관에서 낡은 사진에서 그나마 찾아 볼 수 있게 됐다. 골동품이 되어 버린 셈이다. 책이나 신문이 없어진 것도 아닌데 말이다. 우리뿐만 아니다. 책이 사라진 지하철 풍속도는 전 세계 어디를 가도 마찬가지다.

지하철 독서 풍속도를 앗아간 범인은 과연 누구란 말인가? 단도직입적으로 말하면 '스마트폰(Smart phone)'이다. PC의 소형화된 운영 체제를 탑재한 기기에 무선 전화와 통신이 가능한 하드웨어와 소프트웨어 모듈이 추가된 기계다. 종전 휴대폰보다 강력

한 '무기'들을 장착하고 있다. 지능을 보유하고 있어 만능 기계라 해도 틀린 말이 아닐 정도다. 오죽하면 중국인들은 스마트폰을 지능을 갖춘 기계, '쯔넝쇼우지(智能手機)'라 하지 않았는가?

스마트폰은 전화 통화 수준을 넘어 문자와 영상 소통은 물론 지식정보 검색 기능이 가능하다. 게임 등 각종 애플리케이션(application)이 내장되어 있어 생활 편의를 제공하고 있다. 손 안 대고 코 푸는 세상이 되어버렸다. 먹는 것, 입는 것, 보는 것 등 각종 물품도 시공간 구애받지 않고 스마트폰으로 구매가 가능하다.

승객들은 앉으나 서나 손에 스마트폰이 들려 있다. 문자소통을 하든, 검색을 하든, TV 등의 영상을 보든, 대화를 하든 등등 목적이 무엇이든 스마트폰을 끊임없이 작동시키고 있다. 엄지 방아 찧는 소리가 요란할 수밖에 없다. 자판을 열심히 두드려 대니 말이다. 옆에 앉은 친구와 대화도 입이 아닌 엄지로 한다. 여하튼 스마트폰이 지하철을 무혈점령한 셈이다. 이제 책과 신문 등을 지하철 등에서 읽는 과거로 돌아가기는 불가능하다.

물론 스마트폰 등으로 책을 보기도 한다. 이른바 전자책이다. 하지만 본다 한들 독서 묘미가 종이책만 하겠는가? 상큼한 펄프 향을 맡을 수 없다. 가끔 엄지에 침을 발라 페이지를 넘기는 쏠쏠한 재미 아닌 재미도 사라졌다. 책 내용을 비판하거나 동조하는 메모가 불편하다.

아주 먼 옛날 책을 옆구리에 끼고 다니거나 소장하면서 책을 읽었다가 패가망신했던 때가 있었다. 중국을 처음 통일한 진시

황제 때다. 시황제는 기원전 213년 세계에서 처음이자 마지막인 법률을 공표했다. 이른바 협서율(挾書律)이다. '挾'은 '옆구리에 끼다', '소장하다'는 뜻이다. '협서율'은 글자대로라면 '팔과 옆구리에 책을 끼고 다니거나 소장하는 법'을 말한다. 그러나 사용되는 뜻은 오히려 정반대다. '책을 옆에 끼거나 소장하는 사람을 처벌하다'라는 뜻이다. 참으로 천하에 몹쓸 법이다. 악법이다.

이 협서율은 진시황이 승상(丞相) 이사의 건의를 받아들여 실행한 분서갱유(焚書坑儒)의 일환이었다. 분서갱유는 의학, 점, 농사에 관한 책을 제외하고 모든 책을 불사르고 서적을 보유한 선비나 학자들을 생매장했던 형벌이다. 무려 460여 명의 유생들이 생매장되었다. 당시에는 아예 유학자이건 평민이건 의학과 점, 농서를 제외하곤 어떤 책도 보거나 소장하지 못했다. 엄격한 사상통제를 통해 왕권을 강화하기 위한 억압수단이었다.

이처럼 법가 사상으로 중무장했던 진나라가 망했다. 진나라에서 10여 년이나 사상을 탄압했던 이 협서율은 한나라 왕조가 설립된 이후에도 10여 년이 더 지속됐다. 불행하게도 20여 년 동안 어불성설의 법률이 실행됐던 것이다. 한나라 고조 유방도 일단 혼란한 정국을 수습하기 위해 백가쟁명의 사상통제가 필요했기 때문일까? 백수건달이었던 유방은 책을 통해 학식을 쌓는 공부와 유식한 척하는 선비나 학자들과 체질적으로 맞지 않았다. 그러니 협서율을 정말 좋은 법이라 생각했는지도 모른다.

한나라 2대 황제이자 유방의 차남 혜제(惠帝)가 기원전 191년 협서율을 과감하게 폐지했다. 아이러니하게도 혜제는 어리석고

우매해 책과 독서와는 거리가 멀어도 한참 먼, 이른바 백치였다. 이 백치가 독서와 책 소장을 왜 허락했는지 의문이다. 똑똑한 신하를 만들어 정치에 도움을 받기 위해서일까? 아니면 협서율을 폐지하라는 학자들의 등쌀을 이기지 못한 것일까? 여하튼 협서율 폐지로 학자들은 물론 백성들도 자유롭게 독서를 통해 지식과 지혜를 쌓을 수 있었다.

2천여 년이 지난 요즘 협서율 망령이 되살아나고 있다. 마치 손에 책이라도 들고 다니면 진나라 때처럼 경찰이 잡아간다고 많은 사람이 착각하고 있는 듯하다. 책이 눈에서 점점 멀어지고 있다. 머리맡에 책을 놓아라. 스마트폰이 아니라. 폼으로라도 손에 책을 들고 다녀라. 종종 산에 갈 때 외국인들이 'Paperback*'을 들고 다니며 읽는 모습을 보곤 했다. 본받을 만한 일이 아닌가?

책과 멀어지면 삶은 삭막해진다. 밥통은 그득 찬 반면, 머리는 갈수록 비고 있다. 현생 인류를 '호모 사피엔스(Homo Sapiens)'라 한다. '지혜롭고 슬기로운 사람'이라는 뜻이다. '호모 사피엔스'가 무색해지고 있다.

중국 송나라 태종은 식사 시간을 줄여가면서까지 책을 읽을 정도로 독서광이었다. 신하들은 태종의 건강을 크게 걱정했다.

"폐하. 지나친 독서는 건강을 해칩니다. 쉬어가면서 읽으심이 가

---

* Paperback: 미국이나 유럽에서 대중화된 책으로 일반 단행본보다 크기가 어른 손바닥만 하고 값이 30∼40% 싸다. 우리 문고본이라고 보면 맞다.

당할 줄 아옵니다.”

“책은 펼치기만 해도 유익하다오. 나는 수고스러운 일이라고 생각하지 않소.”

‘책을 펼치기만 해도 유익하다.’ 바로 개권유익(開卷有益)이다. 송나라 영종 때 왕벽지가 엮은 『승무연담록』에 실린 이야기다. 도연명의 『도잠전』에 개권유득(開卷有得)이란 말이 나온다. ‘어려서부터 책을 좋아하고 친구와 더불어 여유로운 마음으로 책을 읽어 얻은 게 많았다.’ 아니, 이보다 더 좋은 말이 있다. 펼치는 것도 힘들다면 제목이라도 읽어라! 그래도 유익하다[견제유득(見題有得)]

송나라 태종의 아들 진종(眞宗)은 ‘글 속에 천 종(鍾: 1,152리터)의 녹이 있고, 책 가운데 황금 집이 나온다[書中自有千鍾粟 書中自有黃金屋]’고까지 했다. 이럴진대 책을 멀리 하겠는가?

휴대폰이 등장하기 전에는 신문이라도 들고 다니며 읽었는데…… 그놈의 휴대폰, 스마트폰.

무독자(無讀者)의 지옥

　최근 50대 건장한 남자가 갑자기 죽었다. 사인은 모르지만 어쨌든 이승과 이별했다. 가급적 고인의 흠을 말하지 않는 장례 풍습에 따라 동네 사람들은 이구동성으로 그의 죽음을 안타까워했다. 아니 정말 그는 어느 구석 하나 나무랄 곳 없는 중년이었다. 예의 바르고, 성실하고, 가정적이고, 순박한 등 흠잡을 데 없는 참으로 인간다운 이웃이었다. 동네 사람들은 그의 죽음을 더 슬퍼했고 마음속 깊이 명복을 빌었다.

　3일장이 끝나자 저승사자가 그의 영혼을 명부(冥府: 저승)로 데려갔다. 그의 영혼은 유족들이 입에 넣어준 동전을 뱃사공에게 주고 무사히 삼도천을 건넜다. 하선과 즉시 사자는 그의 영혼을 진광(秦廣) 대왕 앞으로 데려갔다. 진광대왕은 죽은 자의 죄 유무를 따지는 심판관이다. 죽은 자 누구든 먼저 만나는 지옥 대왕이다. 본격적으로 죄를 밝히기 위한 심문이 시작됐다.

　"이승에서 지은 너의 죄를 낱낱이 아뢰어라. 추호의 거짓이 있으면 몇 배의 가혹한 처벌을 받느니라. 명심하라."

　그의 영혼은 아무리 생각해도 자신이 어떤 죄를 저질렀는지 알 수 없었다. 아니 지은 죄가 없었다. 법 없이 살아왔으니까 말이다. 그의 영혼은 대왕 주변에 무시무시한 광경이 펼쳐져 위축되었지만 이내 목소리를 가다듬고 당당하게 죄가 없음을 아뢰었다.

"저…… 아무리 생각해도 지은 죄를 모르겠습니다. 아니 지은 죄가 없습니다."

"죄가 없다고! 감히 이놈이 나를 속여! 분명 지은 죄가 있다. 네놈이 진 죄를 7일 동안 확실히 밝혀내겠다."

그는 저승세계로 왔지만 살아생전 죄를 짓지 않았기 때문에 곧바로 천상계(天上界: 천당)로 올라갈 것이라 기대하고 확신했었다. 의외로 죄가 인정되어 실망이 이만저만 아니었다.*

7일 동안 이어진 심문을 통해 유죄로 끝나자 그의 영혼은 두 번째 대왕, 초강(初江) 대왕에게 넘겨졌다. 물론 진광대왕은 그가 무슨 죄를 지었는지 알려주지 않았다. 이제부터 여섯 대왕으로부터 각 7일씩 42일 동안 별도의 지옥을 드나들며 더 모진 심문을 받아야 한다. 그는 죽기 전에 지옥에 대해 들은 바 있어 온몸에 닭살이 돋고 멘붕(멘탈 붕괴) 상태에 빠졌다.

그의 영혼은 초강대왕에 이어 1심 마지막 태산(泰山) 대왕까지 모두 심문을 마쳤다. 드디어 그렇게 궁금했던 죄목이 밝혀졌다. '책을 읽지 않았다는 것'이었다. 그것도 그냥 책을 읽지 않은 것

---

* 죽은 자는 3년 동안 열(10) 대왕. 명부 시왕(冥府十王)으로부터 죄의 심판을 받는다. 심판 결과에 따라 육도계(六道界: 천상, 인간, 축생, 아수라, 아귀, 지옥) 가운데 한 도(道)로 가 죗값을 받는다. 단 천상계는 죄가 없는 영혼이 가는 곳이다.

이 아니라 읽으려고 산 책을 읽지 않았던 죄였다.

'책을 읽지 않으면 입에 가시가 돋는다[一日不讀書口中生荊棘]'고 친구나 가족으로부터 자주 놀림을 받았다. 자존심이 상해 죽기 몇 년 전 50권짜리 문학전집을 산 적이 있다. 차일피일 미루다 결국 포기하고 방구석 궤짝에 처박아 두고 말았다. 그가 죽자 유족들은 다른 유품과 함께 그 책들을 모조리 폐기 처분했다.

여하튼 '책 읽지 않은 것'이 죄가 되다니, 참으로 어이가 없었다. 대왕의 판결에 이의를 달 수 없어 그대로 인정해야만 했다. 너무 억울했다. 책을 읽지 않은 것이 타인에게 피해를 준 것도, 책을 굶겨 죽인 것도 아닌데 처벌을 받다니. 생각 끝에 저승세계 변호사와 상의해 2심을 신청했다. 2심 재판관은 평등(平等) 대왕과 도시(都市) 대왕이다. 여기서도 무참히 패소했다. 하지만 희망을 걸고 마지막 3심, 오도전륜(五道轉輪) 대왕에게 심판을 청구했다. 정말로 너무 억울해 상고까지 이르게 되었던 것이다. 그러나 3심도 마찬가지. 이젠 처벌을 피할 수 없었다. 어떤 지옥으로든 떨어져야 했다. 이제 책 읽지 않은 죗값을 톡톡히 받아야 했다.

저승세계 대왕들은 책 읽지 않은 것을 죄로 판결했지만 문제가 생겼다. '책 읽지 않은 죄'를 지은 영혼을 어느 지옥에 넣느냐이다. 살인자, 도둑, 거짓말쟁이, 간음한 자, 도박자, 자살자 등을 처벌하는 지옥은 있지만 책을 읽지 않은 자를 위한 지옥이 없었기 때문이다. 새로운 지옥을 만들어야 했다. 대왕들은 고민에 고민을 거듭했다. 일곱 대왕의 대표, 염라(閻羅) 대왕이 침묵을 깨고 입을 열었다.

"책을 사놓고 읽지 않아 책을 모독했습니다. 일단 두 눈알을 제거하고 사놓고 읽지 않은 책을 들고 영원히 무릎 꿇고 앉아 있게 하지요."

역시 저승세계의 대표 대왕다운 착상이었다. 이렇게 해서 명부에서 새로운 처벌 방법, 지옥이 탄생했다. 이른바 '발안거수지옥(拔眼擧手地獄)'이다. '두 눈이 뽑힌 채 영원히 두 손 높이 책 들고 앉아 있는 지옥'이란 말이다. 책을 손에 잡고 눈으로 읽어야 했지만 그렇지 못한데서 그 이름이 붙여졌다.

그의 영혼은 최초 죄목에, 최초 지옥에서, 벌을 받기 시작했다. 읽지 않은 책이 무척 무거웠지만 끝을 기약할 수 없는 처벌이 시작된 게다. 그 후 많은 영혼이 이 지옥으로 몰리고 있다. 벌써 '발안거수지옥'이 만원이라고 한다. 그만큼 책 안 읽는 인간이 많다는 얘기다.

초등학교 시절 수업시간에 떠들었거나 성적이 떨어졌거나 숙제를 해오지 않았을 때 '두 팔을 어깨 위로 올리고 무릎을 꿇고 앉아 있는 벌'이 무척 힘들고 수치스러웠다. 이런 벌을 자주 받은 사람들은 죽어서 책 읽지 않은 벌을 받으면 고통이 좀 덜할까? 그 지옥에 가보면 알 것이다.

사색하는 인간

말 많으면 자주 궁색해지니 말을 가슴 속에 담아두는 것이 낫다
[多言數窮 不如守中] -『노자』

백옥의 티끌은 언제든지 털어내고 갈아낼 수 있지만 내가 한 번
잘못 내뱉은 말 한마디는 돌이킬 수 없다[白圭之玷 尙可磨也 斯
言之玷 不可爲也] -『시경』

말조심하라는 잠언이다. 말이 많으면 실수가 많다. 그 실수는
웃어넘길 수도 있지만 상대방에게 심한 상처가 되는 때가 잦다.
말 많은 사람은 대체적으로 사색 없이 마구 떠들어대거나 여기
저기서 들은 것을 그대로 내뱉는다. 감성이 이성을 앞선다. 새겨
듣지도 않는다. 뱉은 말이 진실이라고 우기거나 믿는다.
말 많은 사람의 지식을 구이지학(口耳之學)이라 한다. 주변에서
들은 지식이나 정보 등을 새기지 않은 채 남에게 전하기만 할
뿐 조금도 제 것으로 만들지 못한 학문을 말한다. 귀로 듣고 입
으로 곧장 내뱉는 학문이다. 근거 없는 사실이 갈수록 덧붙여지
는 것이 특징이다. 심지어 유언비어 수준으로 전락하는 경우도
있다.

228

군자의 학문은 귀로 들어가 마음에 붙어 온몸으로 퍼져서 행동으로 나타난다. 소곤소곤 말하고 단정하게 행동하니 한결같이 모범으로 삼을 만하다. 소인의 학문은 귀로 들어가 입으로 나온다. 입과 귀 사이는 네 치밖에 안 되는데, 어찌 일곱 자의 몸을 아름답게 하기에 족하겠는가?[君子之學, 入乎耳, 著乎心, 布乎四體, 形乎動靜. 端而言蝡而動, 一可以爲法則. 小人之學也, 入乎耳出乎口. 口耳之間則四寸耳, 曷足以美七尺軀哉]

『순자: 권학편』에 나오는 말이다. 귀로 들은 앎이 귀와 입의 거리인 네 치(12㎝)에만 머물렀으니 삶을 윤택하게 하는 깊은 지식이 되겠는가? 앎이 머리를 통과하지 않은 채 그냥 귀에서 입으로 흘러나와 참된 지식이라 할 수 없다는 지적이다. 무식자의 학문이라 할 수 있다. 반면 유식자의 학문은 귀로 들은 것을 마음과 머리로 보내 인격을 수양하고 지성을 높이는 재료로 만든다. 이렇게 해서 유식자의 행동거지는 타인의 모범이 된다.

공자도 '구이지학'의 그릇됨을 지적했다.

길에서 들은 것을 길에서 되받아 다른 사람에게 옮기는 것은 덕을 버리는 것이다[道聽塗說 德之棄也] -『논어: 양화편』

검증 여부가 확인되지 않은 지식을 상대방에게 그대로 전달하면 지식을 모독하는 것이다. 쉽게 얻었거나 출처가 불분명한 지식은 자칫 자신이나 상대방에게 독소로 작용할 수 있다. 반드시 마음에 간직해서 자기수양과 타인의 모범의 밑바탕이 되도록 갈고 닦아야 한다는 의미다. 즉, 배우기만 하고 익히지 않으면 헛된 앎이다. 그래서 학습(學習)이다. '익힐 습(習)'은 어린 새가 양쪽의 날개를 퍼드덕거려 스스로 날기를 연습하는 의미를 담고 있다.

1488년 10월 4일 성종이 무신 김세적(金世勣)을 형관(刑官)으로 임명하려하자 사헌부 대사헌 이칙(李則) 등 신하들이 임명에 반대하는 차자(箚子: 임금에게 올리는 간단한 상소문)를 올렸다. 세적의 지식을 '구이지학'으로 판단했기 때문이다.

세적이 글을 읽었다고 하지만 1~2년의 구이지학에 지나지 않습니다. 능히 형옥의 중임을 감당하겠습니까?[世勣雖曰讀書 豈可一二口耳之學 能堪刑獄重任乎] -『성종실록』

신하들은 세적을 제대로 배우지 못하고 선하지 않은 사람으로 여겨 형관 임무를 맡을 자격이 없다고 간했던 것이다. 말만 유려할 뿐 지식 깊이가 얕아 지성인이라 인정할 수 없다는 인물평이었다. 하지만 성종은 세적의 '구이지학'에 속았다. 성종은 '형관 임무를 감당할 수 있으니 이를 말하지 마라[亦可以堪刑官之任 其勿言之]'며 그를 형조참판에 임명했다.

'구이지학'을 경계하는 사자성어가 있다. 바로 '비이장목(飛耳長目)'이다. 강태공의 후예 제나라 환공이 가장 먼저 춘추오패가 된 배경에는 관중(管仲)이 있었다. 그는 참모들이 갖춰야 할 덕목으로 장목(長目)과 비이(飛耳) 그리고 수명(樹明)을 들었다. '장목'은 사물을 관찰하는 안목이다. '비이'는 듣는 반경을 넓혀 새겨들어야 한다는 의미다. '수명'은 정사(正邪) 구별의 통찰력을 발휘해야 한다는 뜻이다. 다양한 사람들의 말을 듣고, 그 말의 이면까지 생각해, 옳고 그름을 판단하는 사고력을 말한다. 여기서 장목과 비이를 합쳐 '비이장목'이란 성어가 탄생했다.

음식을 먹으면 소화효소가 분비된다. 소화된 영양가는 대부분 소장을 통해 흡수돼 신체활동의 에너지원으로 사용되거나 근육에 축적된다. 지식 축적과정도 마찬가지다. 다양한 편린들을 수집해 서로 연관성을 분석하고 조합하는 사고 과정을 거친다. 이 과정이 끝나면 지혜가 탄생한다.

귀가 두 개인 이유가 있다. 쓸데없는 것들은 한쪽 귀를 통해 내보내고 삶의 피와 살이 되는 것은 머리로 보내기 때문이다. 두 귀로 듣고 곧바로 입을 통해 내보는 사람은 머리가 텅 비었다, 삶의 슬기를 만들지 못하는 무식한 사람이다. 지식이 있다 해도 아주 천박한 식견이다. 영양가 없는 구이지학이다.

지식을 얻고 지혜를 창출하기에는 너무나 동떨어진 현실이 슬프다. 이제 신체 일부가 된 스마트폰 범람과 사고를 기피하는 인간 성향 때문이다. 언제 어디서라도 쉽게 얻을 수 있는 정보와 지식이 흘러넘친다. 범람한 지식들은 오합지졸이 허다하다. 참된 지식을 얻기 위해선 노력이 필요하지만 그 노력을 하지 못하게 사회가 강요한다. '구이지학'이 판치는 것은 당연하다. 사색을 막고 사색이 사라지는 사회가 되었다.

사색을 살릴 방법이 있다. 독서다. 독서는 이치를 따지는 사고 과정을 거쳐 자신과 타인이 인정하는 지식을 주고 지혜를 창출한다.

머릿속 도끼

하안거(夏安居)*가 끝난 어느 사찰의 늦은 오후였다. 큰스님이 하안거에 참가했던 스님들을 불러 모았다. 큰스님 앞 차 탁자에는 어른 팔뚝만한 막대기 하나가 놓여있었다.

스님들은 뜬금없이 차 대신 막대기가 놓여 있으니 큰스님이 뭔 말씀을 하실까 바짝 긴장하고 있었다. 잠시 적막이 흐른 뒤 큰스님의 생뚱맞은 말씀이 있었다.

"이 막대기를 실제보다 더 작게 만들어 보아라. 단, 만지지 말고."

스님들은 골똘히 머리를 쥐어짰지만 서로 눈치만 보는 것 이외 달리 방법을 찾지 못했다. 잠시 후 처음 하안거에 참여했던 스님이 조용히 일어서더니 밖으로 나갔다. 반면 그냥 앉아있던 스님들은 멍하니 천장만 처다 보고 있었다. 큰스님이 잠시 자리를 비우자 스님들은 이구동성 중얼거렸다.

"도대체 만지지 않고 어떻게 막대기를 작게 만들라는 말이지."

---

* 하안거: 불교에서 승려들이 여름 동안 한 곳에 머물면서 수행에 전념하는 일

"마술을 부려도 안 될 텐데."

　밖으로 나갔던 스님이 10여 분 뒤 굵은 통나무를 안고서 들어왔다. 이어 큰스님도 들어왔다. 통나무는 탁자에 놓인 막대기보다 족히 서너 배는 더 길고 굵었다. 큰스님은 고개를 끄덕였다. 그 스님은 가져온 통나무를 차 탁자에 막대기와 나란히 올려놓았다. 팔뚝만하던 막대기가 노각만해 보이지 않는가? 통나무와 막대기가 비교되니 막대기가 상대적으로 작아 보였던 것이다. 스님들은 놀라지 않을 수 없었다.

　그리스 신화시대 농부 아들이었던 고르디우스는 자신이 프리기아(현재 터키)의 왕이 되자 무척 자랑스러워했다. 고르디움의 신전 기둥에 복잡한 방법으로 매듭을 지어 전차 한 대를 묶어놓았다. 고르디우스는 '이 매듭을 푸는 자는 아시아를 정복, 왕이 된다'라고 예언했다. 사람들은 이를 '고르디우스 매듭(Gordian knot)'이라 했다. 이 매듭을 풀기 위해 무수한 사람들이 대들었지만 성공하지 못했다.

　시간이 흘러 기원전 334년, 알렉산드로스가 아시아 정복을 위해 고르디움 인근에서 숙영을 했다. '고르디우스의 매듭' 이야기를 들은 알렉산드로스는 신전으로 갔다. 매듭을 보자마자 단칼에 매듭을 잘라 버렸다. 전차는 달려야 하는 것이니 매듭을 풀든, 끊든 중요하지 않았다. 기둥에서 전차만 분리하면 된다는 오롯한 생각이었다.

　콜럼버스가 신대륙(아메리카)을 발견하고 돌아와 친구들에게 자랑하고 있었다. 하지만 친구들은 의외로 퉁명스러운 반응을 보였다.

"대륙이 있었기 때문에 먼저 발견한 것뿐이지. 배와 노예가 주어진다면 누구라도 발견할 수 있었을 것이네. 그리 뻐길 만한 것은 아니지 않은가?"

열 받은 콜럼버스는 갑자기 달걀을 꺼내 탁자에 내려놓았다.

"이 달걀을 세울 수 있는 자 있으면 나와 봐!"

친구들은 콜럼버스 기세도 기세지만 달걀을 세운다는 것은 불가능하다고 생각해 아무 말도 하지 못한 채 자리에 앉아있었다. 잠시 후 콜럼버스는 자리에서 벌떡 일어났다. 달걀을 손에 쥐더니 한쪽 끝부분을 탁자에 살짝 내리치며 세웠다. 달걀 밑부분이 깨졌으니 달걀은 곧추섰다. 친구들의 비아냥거림과 콜럼버스의 일침이 이어졌다.

"에이, 달걀을 깨서 세우는 것은 누구는 못하냐?"
"남들이 한 것을 쉽게 따라 할 수 있지. 그러나 처음 할 때는 어렵다. 신대륙 발견도 마찬가지다. 자네들은 달걀을 깨 세울 생각도, 신대륙 발견을 위한 모험을 시도조차 하지 않았잖아, 이 멍청이들아!"

중국 명나라 말 원굉도(袁宏道)라는 학자가 있었다. 독서광인 그는 「독서」란 시를 지어 '머릿속 도끼'의 중요성을 읊었다.

책 위에 쌓인 먼지를 털어내고 단정한 차림으로
옛사람을 마주하네.
책에 쓰인 건 모두 피와 땀이라 알고 나니 정신을 돕네.
도끼를 들어 주옥을 캐고 그물을 쳐 고운 물고기를 잡는 듯
나도 한 자루 비를 들고 온 땅의 가시덤불을 쓸리라.

수동적으로 책을 읽어서는 안 된다. 적극적이고 과감해야 한다. 그저 읽고 보는 수준에 그쳤던 독서의 악습을 깨트릴 수 있는 방법은 우리 머릿속 도끼다. 책 속에 숨어있는 진주를 채굴하기 위해서는 도끼로 불필요한 것들을 찍어내야 한다.

삶은 수학 공식대로가 아니다. 실마리가 있는 것도 아니다. 늘 얽히고설키어 복잡다단하다. 문제가 발생하면 해결책 찾기가 무척 힘들다. 콜럼버스 등은 남들이 풀 수 없는 삶의 문제를 손쉽게 해결했다. 이들의 해결책은 참으로 간단하고 명료했다. 아니 통쾌했다. 막대기를 통나무와 비교하는 것, 칼로 매듭을 자르는 것, 달걀 밑 부분을 깨서 세우는 것 등은 사실은 누구나 할 수 있는 행위다.

사람들은 사고가 거기까지 미치지 못해 모두 불가능하다며 해결책 모색을 포기했다. 어떤 방법으로도 풀 수 없는 딜레마나 아포리아(Aporia)라 여겼다. 결과를 알고 보니 누구나 쉽게 해결

할 수 있었던 방법이었음에도 말이다.

"에이! 그건 근본적 해결책이 아닌 일시적 꼼수잖아!"

이렇게 치부할 수도 있다. 여하튼 삶의 문제 해결에 어떤 난관이 있어 왜 많은 사람들은 그렇게 명쾌한 해법을 찾지 못할까? 좌정관천(坐井觀天), 주어진 범위에서 벗어나지 못하기 때문이 아닐까? 우물 속에서 하늘을 보아야 얼마나 보겠는가? 많은 사람들은 사고 폭을 넓히지 못하거나 넓히려 하지 않는다. 부지불식간에 습관화, 구조화된 사고가 문제다. 사고 경직화를 벗어나기 위해서는 발상을 전환해야 한다. 패러다임(Paradigm)을 깨고 벗어나야 한다.

우리 머릿속에는 지우개가 참 많다. 기존 지식을 지우기만 하지 새로운 지식을 채우지 못한다. 이런 데다 구조화된 사고의 틀을 깨는 도끼마저 없는 것이 안타깝다. '순리가 삶의 정석(定石)'이라는 사고 틀에서 빨리 빠져나와야 한다. 겁내 하거나 망설이거나 주저해서는 안 된다. 대담해야 한다. 콜럼버스나 알렉산드로스처럼.

불량 양식

선거철이 돌아왔음을 알리는 전령은 과연 무엇일까? 마구 떠들어대는 확성기 소음일까? 사람 모이는 곳이면 나타나 명함 돌리는 모습일까? 길거리 무질서하게 내걸린 현수막이거나 끝이 안 보일 정도로 담 벽에 붙은 선거벽보일까? 당연히 모두 아니다. 답은 다름 아닌 정치인들의 출판기념회. 출판기념회가 속셈을 드러내서 그런지 요즘은 아주 그럴싸한 말로 변했다. 북콘서트(Book concert). 작가가 자신이 쓴 책을 주제로 강연하고 독자와 질의응답을 가지는 형식이다.

책을 펴낸다는 것은 가치를 부여하고 권장할 만한 일이다. 저자는 인간과 세상 본질의 통찰을 통해 새로운 지식이나 지혜를 창출할 수 있다. 독자는 이미 농축된 지식이나 지혜를 비교적 값싸게 얻을 수 있다. 자서, 문학, 전문 등 책 종류는 중요하지 않다. 자료와 정보 수집, 지식 편린의 종합, 지혜 창출 등이란 일련의 작업이 녹록지 않다.

중국 한나라 사마천(司馬遷)이 친구 지준(摯峻)에게 보낸 편지를 보자. 그는 "군자가 귀하게 여기는 인생의 바른 길은 세 가지 실행에 있다."고 말했다.

"사람으로서 최고 가치 기준은 덕행을 수립하는 입덕(立德)이요, 그다음은 책을 써서 자기주장을 세우는 입언(立言)이요, 마지막은 세속적 공을 세우거나 출세하는 입공(立功)이다."

이를 사마천은 삼립(三立)이라 했다. 삼립 가운데 저술을 출세보다 우선 한 것은 정신적 풍요가 물질 경제적 풍요보다 더 의미가 크다고 봤기 때문이다. 사마천은 아버지의 간곡한 유언도 있었지만 인간으로 태어나 삼립 가운데 하나라도 이루어야 한다고 마음먹었다. 궁형의 치욕을 견디며 중국 최초 통사 『사기(史記)』를 펴냈다. 이 책은 기원전 91년경 완성됐다. 혼란스럽거나 평화로운 시대를 무론하고 변함없이 인간들에게 통찰과 지혜를 주고 있다. 화수분 같은 지혜 창고 또는 농축 발효된 묵은 김치라고나 할까? 사기를 읽으면 읽을수록 새로운 지혜를 얻는다.

사마천은 한나라 무제의 시종이 되어 중국 전역을 여행하며 견문을 넓히고 민담과 역사 등 귀중한 지역 자료를 수집했다. 그 자료는 방대했고 견문 역시 넓기가 바다와 같았다. 수많은 자료와 견문 가운데 정수(精髓)만을 뽑아 52만 6천5백 자의 불후 명작 『사기』를 펴내고 더는 책을 펴내지 않았다. 한 권만으로도 자신 입언에 충분했고 괜히 이것저것 모아 책을 펴내 봐야 별 도움을 줄 수 없다고 생각해서 일까? 자료와 견문을 감안하면 수십 권은 더 펴냈을 것으로 추정된다. 사마천은 『사기』를 펴낸 뒤 어떤 책도 펴내지 않고 6년 뒤 숨졌다.

청나라 건륭제(乾隆帝)는 1772년 『사고전서(四庫全書)』 편찬사업을 시작했다. 궁중과 민간이 소장하고 있던 희귀본과 귀중본들을 필사해 책으로 엮는 대역사였다. 최고 지식인 300여 명이 모여 9년 뒤 1벌에 이어 7벌을 완성하는 데 무려 22년이 걸렸다. 청나라에 존재하는 모든 책 1만 680여 종을 경전, 역사, 철학, 문학 등 사고(四庫: 經, 史, 子, 集)로 나눠 3천593종으로 분류한 뒤 다시 3만 6천여 책으로 필사한 총서다. 230만 페이지에 8억 개의 글자로 되어있다.

이 편찬사업에 신동(神童)이라 자타 공인했던 대학자 기효람(紀曉嵐)도 참여했다. 당시 그는 이미 나름대로 역사에 길이 남을 명작 출판을 계획하고 있었다. 사고전서 편찬 과정에서 지금까지 접하지 못한 책들을 읽어 본 뒤 생각이 바뀌었다.

"세상의 이치와 사정은 모두 옛 선현들이 책을 통해 말해 놓았으니 이제 다시 저술한다 한들 선현들의 범주를 넘지 못할 것이다. 더 저술할 필요가 있겠는가?"

자신이 펴낼 책 내용이 이미 다른 선현들이 모두 이 책 저 책에 써놓았으니 저술은 그저 심장적구(尋章摘句), '남의 글을 베끼는 수준을 넘어설 수 없다.'고 생각했다. 공자의 표현대로 술이부작(述而不作), '창작이 아닌 남 주장이나 지식을 옮겨 놓는 것에 지나지 않는다.'고 확신하기에 이르렀다.

기효람은 고민에 빠졌다. 책을 펴낼 것인가, 말 것인가? 수일 동안 식음을 전폐한 뒤 결론을 내렸다. 단 한권만 창작하기로 결정했다. 바로 필기체 소설 『열미초당필기(閱微草堂筆記)』다. 이 소설은 당시로서는 파격적인 내용이었다. 봉건 예의 도덕을 반대하고 전제 통치 사회를 고발하는 등 작가의 창조적 저항이 담겨 있다. 세간에서 필사가 끊이지 않을 정도로 베스트셀러이었다고 전해진다.

　개권유득(開卷有得)을 철저하게 위배한 책들이 있다. 정치인들이 쓴 책이다. 출마만 하면 책을 써댄다. '출마 선언은 출판 기념회'가 등식이 된 지 오래다. 대부분 못 먹는 양식이다. 어디 그뿐인가. 30년생 나무 한 그루에서 A4용지 1만 장이 생산된다. 어림잡아 A4용지로 200쪽짜리 책 3천 권을 출간하면 30년생 나무 30그루가 없어진다. 평균적으로 20~30년생 나무 한 그루는 1년 동안 1.8톤 정도의 산소를 뿜어낸다. 이는 성인 7명이 1년 동안 소비할 수 있는 산소량을 낭비하는 셈이다.

입 속 가시

우리나라 사람들은 얼마나 책을 읽을까? 지난 2017년 12월 문화체육관광부가 발표한 성인 연간 독서량이 8.3권, 연간 도서구입비는 6만 원으로 나타났다. 한 달에 한 권도 읽지 않고 한 달 도서구입비도 5천 원에 지나지 않는다는 계산이다. 연간 독서율(지난 1년 동안 일반 도서를 1권 이상 읽은 사람의 비율)은 59.9%을 기록했다. 수치상으로 보아 우리 국민의 책 읽기가 저조한 것은 부정할 수 없는 사실이다. 물론 독서율 저조는 비단 우리뿐만 아니라 전 세계가 겪고 있는 현상이다.

영화와 TV 등 영상매체의 발달, 컴퓨터와 스마트폰 등을 통한 정보와 지식 습득의 편리, 전자책, 오락거리 다양화 등이 독서율의 저조 원인으로 분석되고 있다. 학생이나 전문인들을 제외하고 일반 직장 성인들은 과도한 일에 육체적, 정신적으로 피로해서 독서를 기피하는 것도 한 이유다. 이유야 어떠하든 많은 사람들이 책을 갈수록 외면하고 있는 것은 분명하다. 현대인들은 도서 읽기보다 소리 듣기와 영상 보기를 선호하고 있다.

한때 도서는 친구나 연인 간의 선물용으로 많이 쓰였다. 시집이나 수필집은 생일선물로 제격이었다. 선물 받은 도서의 독서 여부는 나중 일이다. 이런 풍습이 언제부턴가 사라지기 시작했다. 그만큼 책을 읽지 않는다는 방증이다. 밥만 먹고는 살 수 없지 않는가? 머리도 좀 먹어야 한다.

국가가 드디어 나섰다. 출판업계의 불황 타개와 독서인구 저변 확대를 위해 책을 살 수 있는 상품권이 등장했다. 1970년 공통 도서권이 처음 발행돼 책만 살 수 있어 다소 서점이 활기를 찾았지만 이 도서권은 5년으로 짧은 생을 마감했다. 다행히 1991년 '도서상품권'이 다시 발행됐다. 이 도서상품권도 별 효과를 보지 못하자 몇 년 후 문화상품권으로 바뀌었다. 책뿐 아니라 영화나 공연 등 다양한 문화 활동에도 쓰이도록 했다. 오로지 책만 구입 가능한 도서상품권이 수요가 없자 각종 부가기능을 추가했던 것이다. 여기에는 단 한 권이라도 책을 사도록 해보자는 의도도 깔려 있다. 어떻게 하든 도서 구입을 확대하자는 정부의 고육지책이었다. 2018년 하반기부턴 책을 사면 소득공제 혜택을 받는다. 총 급여 7,000만 원 이하 근로자는 2018년 7월 1일 이후 도서구입을 위해 신용카드나 현금을 사용했을 때 공제율 30%가 적용되며 소득공제 한도를 초과한 경우 최대 100만 원까지 추가공제를 받을 수 있게 됐다. 문제는 한 달에 한 권도 사지 않는 실정에 몇 푼 안 되는 소득공제 때문에 책을 더 살지는 미지수라는 점이다. 생색내기이라는 지적이 더 강하다.

책은 지식과 지혜를 시공간을 넘어 전달하고, 또 다른 나를 발견하게 하고, 역사를 반영구적으로 담는 그릇이다. 책이 문화와 문명 발달의 견인차 역할을 하고 있음을 무시할 수 없다. 하지만 불행히도 이런 책의 못자리판인 동네서점이 이제 사라졌다. 시내 중소형 서점도 문을 닫는 추세다.

그나마 다행인 것은 대형서점과 인터넷 서점, 온·오프라인 중고서점을 쉽게 접근할 수 있어 책 구입에 큰 수고를 들이지 않아도 된다. 하지만 도서 구입량이 크게 늘지 않고 있다. 도서구입은 고작 학자나 문인 등 전문가들의 전유물이 되어가고 있다. 2018년 교수신문이 발표한 교수들의 연간 도서 구입량 44.4권과 연간 도서구입비 648,000원이 이를 방증하고 있다. 연간 도서구입비와 독서율을 높이는 사람은 대학 교수들인 셈이다.

'책'은 학생들의 '교과서'나 학자들의 '전문서적' 혹은 흥미위주의 '만화나 잡지'와 등식으로 여겨지는 세태라 해도 지나친 말이 아니다. 지성적 삶이 아닌 직업이나 오락을 위한 수단으로 전락하는 지경이 아닌가 싶다.

독서의 기피는 예나 지금이나 마찬가지였나 보다. 소유한 책은 반드시 읽어야하는 의무감을 오죽하면 바보, 얼간이와 비유했겠는가?

서중사치(書中四痴)라 했다. 중국 당나라 이광문(李匡文)의 『자가 집』에 나오는 말이다. 첫째 바보는 책을 빌리는 것이요(借一痴) 둘째 바보는 책을 빌려주는 것이요(借二痴) 셋째는 빌려준 책을 아까워하며 돌려받으려는 것이요(索三痴) 넷째는 빌린 책을 돌려주는 것이다(還四痴)

빌려 준 책은 더 이상 내게 가치가 없거나 지식을 내줬으니 포기하라. 내게 온 책은 타인이 포기했으니 이젠 내 지식의 기반이다. 그러니 '책을 빌려주지도 말고, 빌리면 절대 주지 마라'는 논리다. 웃기지도 않는 이야기 같지만 언중유골(言中有骨)이다. 책을 늘 곁에 두고 지식을 찾아라. 책은 단순한 시각적 효과만으로도 그 가치가 충분하다. 그러니 '네 가지 바보가 되지 마라'는 경고다.

16세기 독일 설교가인 가일러(Johann Geiler)가 말한 '책의 일곱 가지 얼간이'도 독서의 필요성에 대한 강변이다. 첫 번째는 책을 장식용으로 구입하는 얼간이, 두 번째는 지나치게 책을 많이 사는 얼간이, 세 번째는 책을 건성으로 들춰보기만 하는 얼간이, 네 번째는 호화로운 그림책을 좋아하는 얼간이, 다섯 번째는 책을 값비싼 표지로 장정해 신주처럼 여기는 얼간이, 여섯 번째는 지식은 쥐뿔도 없으면서 엉성한 책을 출간하는 얼간이, 마지막은 책에서 얻은 지식을 멸시하는 얼간이다.

책은 소유에서 끝나서는 안 된다. 독서에는 특별한 요령이 없고, 인간의 두뇌능력은 한계가 있다. 최선과 최적의 판단으로 선택한 책을 늘 곁에 두고 읽고 또 읽어야 한다. 독서는 깊이 숨어 있는 금을 채굴하는 광부의 노력임을 일깨우는 메시지다.

고대 로마제국 철학자 세네카(Seneca)의 한마디가 참 본받을 만한 독서 일침(一針)이다.

책은 서재에 보관하는 것이 아니라 머릿속에 보관해야 한다.

책은 장서(藏書)가 되어서는 안 된다. 책은 독자의 주석이나 비평은 물론 심지어 밑줄 치기, 낙서, 침 얼룩까지 반가워한다. 이곳저곳 구겨져도 화내지 않는다. 덕지덕지 독자의 추가 의견 쪽지를 붙여놓으면 더욱 좋아한다. 냄새 나는 화장실, 덥거나 추운 날, 침상이나 밥상, 길거리 등 어떤 곳도 싫어하지 않는다.

여하튼 아무리 지식정보 습득과 정서 함양을 위한 대체재들이 발달한다 한들 책만 하겠는가? 이런 책을 멀리하는 우리는 입에 가시가 돋고 머리는 아사(餓死) 직전이다. 1~2만 원이면 책 한 권 산다. 이것도 싫으면 주변 도서관으로 가라. 원하는 책 공짜로 모두 볼 수 있다.

스칸디나비아 반도 노르웨이 어부들은 정어리를 어선 가득 잡아도 고민이었다. 잡은 정어리들이 육지에 도착하면 죽거나 생기를 잃어 제값을 받지 못하기 때문이었다. 잡은 정어리는 수족관의 바닷물을 자주 갈아줘도, 산소를 충분히 공급해 줘도 소용이 없었다. 정어리 활어 운송이 그들의 최대 관심사였다.

어느 날, 한 어부가 정어리를 온전하게 활어 상태로 싣고 왔다. 당연히 그 어부는 종전보다 좀 더 비싼 값을 받고 팔아 수입을 크게 올렸다. 그 어부의 정어리는 바다에서 잡을 때보다 오히려 싱싱하고 식감도 더 좋았다고 소비자들은 이구동성으로 말했다. 그는 누구에게도 활어운송 비법을 알려주지 않았다. 다른 어부들은 궁금해 미칠 지경이었으나 도저히 알 수 없었다. 그들은 운송 방법을 알기 위해 수족관을 확인하고 싶어도 그 옆에는 얼씬도 할 수 없었다. 대체 비법이 무엇이었을까?

이 어부가 갑자기 죽었다. 다른 어부들이 기회다 싶어 수족관을 들여다보았다. 그들 모두 의아해하지 않을 수 없었다. 예상치 못하게 정어리 천적인 바다메기 한 마리가 들어있었다. 그 바다메기는 정어리를 잡아먹기 위해 뒤쫓고 있었다. 정어리들은 필사적으로 추격을 따돌리고 있었다. 마치 물고 물리는 싸움 같았다. 하지만 어떤 정어리도 바다메기 공격에 굴하지 않았다. 오히려 정어리들은 바닷속에 있을 때보다 더 생기가 넘쳤다. 아니, 어째 이런 일이 일어났을까? 바다메기가 정어리에게 무슨 짓을 했기에?

이른바 '메기 효과(Catfish effect)' 때문이다. '생존이 위협받으면 무엇이든 최대한 잠재력을 발휘하는 상황이 설정 된다'는 이론이다. 자칫하면 정어리는 천적 메기에게 잡혀 먹히기 때문에 그러하지 않기 위해서는 사력(死力)을 다해 메기의 공격을 피한다. 이 과정에서 잠재된 생명력을 이끌어 내 오히려 삶의 활력을 찾게 된다. 그래서 정어리는 죽지 않고 오히려 싱싱한 것이다.

우리 양식업자들도 메기 효과를 톡톡히 보고 있다. 미꾸라지 수송할 때다. 잡은 미꾸라지를 수족관에 넣고 장거리 운송하면 일부 죽거나 신선도가 떨어져 제값을 받지 못한다. 이때 미꾸라지의 천적인 메기가 한몫을 한다. 수족관에 메기를 집어넣는다. 죽을 운명에 빠져 생기를 잃은 미꾸라지에게 긴장감을 주어 삶의 활력과 동기를 찾아준다. 미꾸라지 양식장에 메기를 넣기도 한다. 실제로 미꾸라지와 메기 어획량이 그렇지 않을 때보다 훨씬 증가한다. 메기가 미꾸라지를 다 잡아먹을 것 같지만 오히려 서로 번식력이 커진다. 미꾸라지는 사력을 다해 메기 공격을 피하고 메기에게 당할 것을 감안해 개체수를 기존보다 더 늘리는 종족 유지 본능이 강하게 발현되기 때문이다.

벼랑 끝 전술, 배수지진(背水之陣)이라고나 할까? 먹잇감은 더는 물러설 곳이 없으니 죽기 살기로 싸우거나 도망갈 수밖에 없다. 시쳇말로 '죽기 아니면 까무러치기'다. 이런 상황에서 천적과 먹잇감의 관계는 달라진다. 천적 관계가 아닌 경쟁 관계가 된다.

우리 사회는 메기다. 사람들의 천적이다. 사회가 나를 보호하고 있다고 하지만 나를 옥죄고 있다. 내 마음대로 할 수 있는 것이 과연 얼마나 되나? 모두 타인이나 사회구조의 시선은 나를 감시하는 원형감옥, 판옵티콘(Panopticon)이다. 도덕, 관습, 법 등 사회적 사실(social fact)이 나를 감시하고 통제한다. 특히 디지털 문명은 갈수록 정신과 육체적 영역을 잠식해 가고 있다. 지식이라 하지만 일회성이거나 진실성이 확인되지 않은 정보나 자료에 지나지 않는다. 사람들을 기만하는 지식이 판친다. 지혜로 승화될 지식을 찾기 힘들다. 사람들은 무한 경쟁에 시달리며 존재감을 잃고 무기력해지고 있다. 안타깝게도 이런 사실조차 모른 채 살아가는 사람들이 부지기수다. 마치 폭우로 불어난 강물에 마구 휩쓸려가는 통나무 처지와 같다. 삶이 아주 좁은 공간으로 경계 지워져 '꼼짝 마라'다.

사회는 '개인의 발현'을 규제하기도 한다. '사회 순항'이라는 명분 아래 자유의지를 꺾는 경우가 허다하다. 사회 기초 단위인 개인 의지는 툭하면 무시된다. 많은 사람들은 사회를 두려워한다. 반응이나 도전에 나서지 않는다. 그래서 일부 사람들은 우울증에 걸리거나 삶을 포기하기도 한다.

이런 사회에서 살아갈 수 있는 이유는 역설적으로 '나를 옥죄고 있는 타인이나 사회' 때문이다. 타인과 사회가 경쟁, 간섭. 긴장, 갈등, 억압 등의 형태로 우리를 무차별 공격하지만 생각을 바꾸면 개인의 삶에 활력을 불어넣고 더욱 강해지라고 담금질

하는 것으로 볼 수 있다. 정어리와 미꾸라지에게 하는 메기처럼 말이다.

아주 옛날 메기에 당한 자와 맞선 자가 있었다. 중국 전국시대 초나라 시인 굴원(屈原)과 한나라 사마천(司馬遷)이다. 굴원은 간신들의 중상모략에 걸려 경양(頃襄) 왕으로부터 유배형을 받았다. 사마천은 흉노족 정벌을 위해 군사를 일으켰다 포로가 된 이릉(李陵) 장군을 변호하다 무제(武帝)로부터 궁형을 받았다. 둘 다 삶에 대한 실의가 극도에 달하기는 마찬가지였다. 하지만 해결 방법이 달랐다.

굴원은 '내가 유배된 것은 모든 사람들이 더러운데 나만 깨끗했기 때문이고, 모든 사람들이 취했는데 나만 깨어 있었기 때문'이라며 멱라 강에서 돌을 몸에 묶고 투신자살했다. 사마천은 '실의에 대한 반응으로 자살한들 구우일모(九牛一毛)에 지나지 않아 누구도 알아주지 않는다.'며 자살을 포기하고 삶의 의욕을 불살랐다.

결국 굴원은 울분을 폭로한 시, 「이소(離騷)」를 통해 이름을 남겼지만 도전과 응전에 실패했다. 사마천은 실의(失意) 도피로 생각했던 자살을 이겨내고 『사기』를 통해 이름을 남겨 도전과 응전에 성공했다.

실의에 대한 도전은 의욕을 낳는다. 메기는 생기를 잃은 정어리와 미꾸라지에 자극을 주었다. 물고기들은 살기 위해 반응을 했고, 그 대가로 삶의 의욕을 찾았다. 메기 효과는 변증법이다. 우리 삶도 마찬가지다. '실의-도전-의욕'의 정반합이다.

이 책이 독자들에게 삶의 활력을 불어넣는 메기가 되었으면 한다.

참고문헌

『司馬遷, 人間의 길을 묻다』, 김영수, 왕의서재

『디지로그』, 『젊음의 탄생』, 『가위바위보 문명』, 『생각이 자본이다』, 이어령, 마로니에북스

『철학콘서트』, 황광우, 웅진지식하우스

『철학이 필요한 시간』, 『망각의 자유』, 강신주

『낱말의 우주』, 우석영, 궁리

『비움과 밝음』, 금장태, 제이앤씨

『생각의 진화』, 김용관, 국일미디어

『난세의 인문학』, 신동준, 이담

『즐거운 지식』, 고명섭, 사계절

『디오게네스와 아리스토텔레스』, 박홍규, 필맥

『책벌레들 조선을 만들다』, 강명관, 푸른역사

『조선명문가 독서교육법』, 이상주, 다음생각

『공자인생 강의』, 하병준 역, 시공사

『학의 다리가 길다고 자르지 마라』, 『둥근 눈썹에 줄을 매단 그대는 누구인가』

『둥지틀 끝에 놓인 태산을 어이할까』, 『논어 1.2.3』, 윤재근, 둥지

『우리 역사속의 천재들』, 신정일, 생각의 나무

『독서의 역사』, 정명진 역, 미래의 창

『정의사회의 조건』, 홍성민 역, 황금물고기

『중용 인간의 맛』, 『맹자 사람의 길 상,하』, 『노자와 21세기 1,2,3』

『도올논어』, 김용옥, 통나무

『고전강독』, 공병호, 해냄

『통쾌한 동양학』, 김덕균, 글항아리

『프레임』, 최임철, 21세기북스

『피로사회』, 『시간의 향기』, 『타자의 추방』, 『투명 사회』, 『에로스의 종말』

『심리정치』, 『권력이란 무엇인가』, 『아름다움의 구원』, 한병철, 문학과 사상사

『현자들의 평생공부법』, 김영수, 역사의 아침

『서울대 명품강의 1,2』, 서울대 공저, 글항아리

『동양고전이 뭐 길래』, 『불혹과 유혹 사이』, 『동양철학 인생과 맞장 뜨다』, 『불혹』

『노자의 인생강의』, 신정근, 21세기북스

『나는 동양사상을 믿지 않는다』, 김경일, 바다출판사

『유학시대와 통하다』, 김교빈, 자음과 모음

『이분법 사회를 넘어서』, 송호근, 다실북스

『노자와 융』, 이부영, 한길사

『독서독본』, 김상웅, 현암사

『느림과 비움의 미학』, 장석주, 푸르매

『한비자』, 황효순 편역, 베이직북스

『한국철학 콘서트』, 홍승기, 민음사

『지금 시작하는 인문학』, 주현성, 더 좋은책

『노자타설 상,하』, 남회근, 부키

『기적의 인문학』, 김병완, 씽북

『오직 독서뿐』, 『18세기 조선지식인 발견』, 『일침』, 『책벌레와 메모광』

『흐린 세상 맑은 말』, 정민

『인문학은 밥이다』, 김경집, RHK

『한국인의 탄생』, 최정운, 미지북스

『묵가사상의 철학적 연구』, 정재현, 서강대출판부

『독서독인』, 박홍규, 인물과 사상사

『노자, 진리는 말하여질 수 없다』, 『노자, 문 밖에 나가지 않고도 천하를 안다』

『노자, 학문이 끝나는 곳에 도가 있다』, 차경남, 글라이더

『인문학, 동서양을 꿰뚫다』, 박석, 들녘

『삶을 긍정하는 허무주의』, 정수복, 알마

『통합의 인문학』, 『둥지의 철학』, 박이문, 지와 사랑

『삶의 정도』, 윤석철, 위즈덤하우스

『철학인간을 답하다』, 신승환, 21세기북스

『생각의 시대』, 김용규, 살림

『세상물정의 사회학』, 노명우, 사계절

『북유럽신화 1,2,3』, 안인희, 웅진미디어

『책의 정신』, 강창래, 알마

『조선시대의 책과 지식의 역사』, 강명관, 천년의 상상

『생각이 사라지는 사회』, 이정준, 청림출판

『한국인물 산책 1,2』, 이은직, 일빛

『철학의 오솔길』, 강영계, 해냄

『과학과 인문학의 탱고』, 황진명, 사과나무

『초인수업』, 박찬국, 21세기북스

『담론』, 신영복, 돌베개

『선비의 수양학』, 김기현, 서해문집

『인생수업』, 『지금 여기 깨어있기』, 법륜, 정토출판

『우리 역사는 깊다 1,2』, 전우용, 푸른역사

『니체 생명과 치유의 철학』, 김정현, 책세상

『과학, 철학을 만나다』, 장하석, 지식플러스

『노자 생각하는 노자인문학』, 『탁월한 사유의 시선』. 『인간이 그리는 무늬』

『경계에 흐르다』, 최진석

『인간의 위대한 질문』, 『신의 위대한 질문』, 『낮은 인문학』, 『심연』, 『수련』

『인간의 위대한 여정』, 배철현, 21세기북스

『5백년 명문가의 독서교육』, 최효찬, 한솔수묵

『생각의 융합』, 김경집, 더 숲

『공자 잠든 유럽을 깨우다』, 황대연, 김영사

『권력과 인간』, 정병설, 문학동네

『공자와 그의 제자들 2』, 신동준, 한길사

『군주의 거울 1,2』, 김상근, 21세기북스

『미학 오디세이 1,2』, 진중권, 휴머니스트

『그리스 인문학의 옴파로스』, 박영규, 함께북스

『고전의 힘 그 역사를 읽다』, 김월회, 현암사

『니체와 함께 춤을』, 이동용, 이파르

『공공철학 이야기』, 김태훈, 모시는 사람들

『인간의 사회적 존재의미』, 소광희, 문예출판사

『생각과 착각』, 『생각의 문법』, 강준만, 인물과 사상사

『겸손』, 김희수, 엘도라도

『사기열전 1,2』, 김원중 역, 민음사

『인공지능의 시대 인간을 다시 묻다』, 김재인, 동아시아

『1인자의 인문학 1,2』, 신병준, 미다스북스

『장자의 눈으로 푸코를 읽다』, 김성우, 알렙

『銘 사물에 새긴 선비마음』, 임자현, 한국고전번역원

『삶은 왜 짐이 되었는가』, 박찬국, 21세기북스

『인생의 밀도』, 강민구, 청림출판

『소진 시대의 철학』, 김정현, 책세상

『신사와 선비』, 백승종, 사우

『문장의 온도』, 이덕무, 다신초당

『신화적 상상력과 문화』, 정재서, 이화여대출판

『사회학적 파상력』, 김홍종, 문학동네

네이버 지식백과, 다음 백과사전, 구글 위키백과